# 保育士おとーちゃんの「叱らなくていい子育て」

須賀義一

PHP文庫

○本表紙図柄＝ロゼッタ・ストーン（大英博物館蔵）
○本表紙デザイン＋紋章＝上田晃郷

# はじめに

ちょうど五年前の二〇〇九年、第二子の娘の誕生をきっかけに、当時流行(はや)っていた子育てブログでもやってみようかという軽い気持ちから『保育士おとーちゃんの子育て日記』というブログを立ち上げました。子どもの成長日記の合間に、保育士としての知識や経験、ちょっとしたテクニックを伝えていくというくらいのつもりでしたが、子育てに悩んでいる多くの人たちや成長に必要なちょっとしたものを得られずにもがき苦しんでいる子どもたちと接してきた思いがあふれてしまい、いつのまにか乳幼児期の子育てそのものをテーマとするようになってしまいました。

いま多くの人が子育てに悩んでいます。一生懸命、子どものためにと向き合っているのに、それでも子育てがうまくいきにくくなっているという状況があります。

ブログのコメント欄で受けていた子育て相談とその返信だけでも、この五年間で二〇〇〇件を超えています。多くの皆さんが本気で悩んで、周囲の意見や子育て関連の情報などを積極的に求めて臨んでいるのに、それでも確かな手ごたえが感じられずにもがき苦しんでいます。

子育ての情報には、親に対して「こうしなさい」「このようにありなさい」といった親としてのあり方を求めるものも多いようです。そういう見方は子育てがうまくいっている人にはなんでもありませんが、思うようにいかない人にとっては「親であるあなたがダメだから、子どもがきちんとしていないのだ」というように、子どもを通り越して親自身を責める見方にもなってしまっています。これではただでさえ大変な子育てを余計に苦しいものとしてしまいます。

そういう状況にある人は、「もっとあなたがしっかりしなさい」といった漠然と発奮を促すようなことを聞かされても、さして子育てのプラスにはなりません。そこで本当に必要なのは、いくつかの気づきと「私にもできる」具体的な関わり方ではないでしょうか。

子どもは思うようにならない、自分は責められるばかり、では誰しも子育てなど嫌になってしまいます。

僕は子育てする多くの人と関わる中で、このようなつらい状況になってしまっているケースにたくさん直面してきました。その経験から、できる限り、子育てを嫌なもの、大変なものから、楽しいもの、喜ばしいものにしていけるお手伝いができはしないかと感じています。

そこで僕が特にお伝えしたいと思うのは、これまでの子育ての「当たり前」を見直してみることです。これまでの子育ては「叱る」という関わり方に代表されるように、子どもを大人の思うようにすること、つまり支配的なアプローチが一般的な子育ての仕方となってしまっています。しかし、このやり方ではかえって子育てを難しくしてしまうことを、たくさんの子どもたちを見てきた経験から強く感じます。だから僕は、「叱ることありき」ではなく、「叱らなくていい子育て」の方法を、この本で紹介したいと思います。

僕が保育士を目指したきっかけのひとつに、学生時代に不登校の子どもたちが通うフリースクールでのアルバイト経験があります。そこで感じたのは、その子どもたちの多くが学校の問題だけを抱えているのではなくて、それ以前の、家庭問題や幼少期からの気持ちを少なからず引きずっていることです。思春期・青年期の悩みと思われたものが、実は幼少期のわだかまった気持ちが形を変えて表れている、そう感じさせられるところがありました。それならば子ども時代の基礎のそのまた基礎である保育という仕事になにか自分の貢献できることがあるのではないかと、まだ「保父」と呼ばれていた時代に保育の仕事に入りました。

さまざまな紆余曲折（うよきょくせつ）はありましたが、いまこうして書籍を通して、子育てに悩んでいる人、育ちに悩んでいる子どもたちのなにがしかの力になれる機会が得られたことに、心から感謝しています。

どうか本書が少しでもみなさまの子育てのお力になれますように。

須賀　義一

# 目次

保育士おとーちゃんの「叱らなくていい子育て」

# 「叱らなくていい子育て」ってどんなこと？

## 子育て＝叱ることになっていませんか？

子育てしている人たちを見ていると、多くの人が子どもに「正しい姿」を教えようと頑張(がんば)っています。

具体的には注意したり、叱ったり、はたまた小言を言ったり、念押しをしたりという関わりで、子どもを大人の意図する姿にしようとしています。それでその通りに育つ子もいますが、そうならないので悩んでいる、大変な思いをしているという人は少なくありません。

子育てする人は、子どもが望ましくない行動をしたときに注意したり叱る、ダメ出しといった、「ＮＯ」という種類の関わりをすることが子育ての方法なのだと無意識に考え、そのようにしてしまっています。しかし、はっきり言ってしまうと、このような子どもへの関わり方は、かえって子どもが大人の言葉に耳を貸さなくなるといった、意図とは逆の結果をもたらす可能性を多分に含んでいます。

保育園で子どもに向き合って一生懸命に育てようとしているお母さんたちを見ていると、一～二歳の頃は注意やダメ出しという関わり方でもなんとかなってしまいますが、だんだんと子どもの自我が強くなってくると、それでは子どもは簡単には言うことを聞かなくなってきます。すると、それらの注意などの回数が多くなったり、さらには叱るというようなことが増えてきます。子どもが素直な性格で大人の許容する範囲の行動に収まってくれればいいですが、そうならない場合は、子どもの従わない姿、大人の押さえようとする関わりがエスカレートしていってしまいます。

そのお母さんたちはその後どうなるかというと、大きく分けて三つのタイプがあります。

・叱ってばかりだったり、ガミガミと怒りんぼうになってしまうタイプ

・疲れてしまったり、うんざりして積極的に関わらなくなってしまうタイプ

・子どもが自分の手におえない状態になることをあらかじめ回避しようと、いいなりや甘やかしになってしまうタイプ

どのタイプであってもやはり子育ては大変になってしまいます。

子育てをする人が当たり前と思ってしていることの中に、実は子育てを難しくしてしまう原因が入ってしまっているのです。

このことに気がつけば、ことさら子どもの姿を難しくせずに、関わりやすい状態のまま子育てをする道筋が見えてきます。

## 子どもを叱らないようにするにはどうしたらいい？

では「叱らなくていい子育て」の仕方とはなんでしょうか？

さきほど述べたように、いまの子育ての方法は子どもを叱りすぎになっていると思います。叱らないとしても、否定語、ダメ出しの連続になっています。

それから、「早く」など、子どもを支配する言葉も多いようです。こういった当たり前に使われている言葉ですが、子どもには心地よくありません。些細(ささい)なことでもこれらの否定的な言葉を言われ続けていると、そういった子どもは大人の言葉をスルーする習慣がついてしまいます。そしてそもそも大人の言葉、ひいては大人の働きかけをあまり信頼しなくなってしまいます。

例えば、「ダメッ！」って言葉、よく使う人は一日何回くらい使っているでしょうか？ へたをすると、これを職場の上司から大人が言われ続けたらまずノイローゼ間違いなし、というくらい使う人も、少なからずいると思います。

つまり、大人の都合のいいようにしつけようといった意図のもとに、子どもの行動にいちいちダメ出しをしていくと、大人の言うことを結果的には聞かなくなるので、かえって大人の気に障る行動が増えてしまうのです。

基本的に子どもは親を信頼しています。しかし、ダメ出しなどの規制、「早くして」などの指示といった支配的な関わりをやたらと多用していると、その大人への信頼感がだんだんと損なわれていって、子どもは「いうことを聞かない子」となってしまいます。

**「子どもから大人への信頼感」というのは、子育てにおいて最良のツール**なのです。それを大人が自分から損なってしまっては、子育ては大変なばかりになってしまいます。

では、どうすればいいでしょうか。

子どもには、自分を保護してくれる大人の気持ちを鋭敏に察する感覚があります。

「叱らなくていい子育て」のためには、この感覚を伸ばしていくといいでしょう。

子どもが困ること、嫌なことをしたら「そういうことしたらママ困るな」「悲しいな」と、相手がどんなに小さい子であっても、きちんと言葉で伝えましょう。

そして、口先だけでなく本当に「困る」「悲しい」という気持ちを表情や態度でも示しましょう。普段からこういう関わりを積み重ねていくと、そもそも「困ること」「悲しませること」をしない子になります。

そのためには「困る」などのネガティブな感情だけでなく、「楽しいね」「うれしいね」などのプラスの感情も伝え、共感し合い、心のパイプをつなげていくのです。順序としてはこちらが先ですね。たくさんの心地よい心の交流をその大人と築いていくと、その同じパイプを伝って「それは困る」「してほしくない」といった気持ちが通じるようになるからです。

「楽しい」「うれしい」「悲しい」「困った」「きれいだね」「おいしいね」「気持ちいいね」など、こういった言葉を普段から使って共感する経験をたくさん増やしていきます。

僕はこういう言葉を「感情の言葉」「心の言葉」と呼んでいます。そして親子の間に感情の共感性を培(つちか)い、伸ばしていくことは、**「心のパイプをつくる」**ことだと考えています。

では、具体的にはどんなことが「叱らなくていい子育て」なのか、身近なケースで紹介しましょう。

## どうしたらうまくいく？ ケース①

## 子どもが積み木を投げてしまうとき

### 自分の気持ちを伝える

大人はその行為が危険であるとわかっています。しかし、その危険は予測の先にあることであって、小さい子どもにはそれが具体的に見えているわけではありませんね。なので「危険である」という理屈を伝えるばかりでは、子どもにはなかなか伝わりません。

小さい子どもがその行動をすべきでないと感じるのは、その理屈を理解した結果ではなく、信頼する大人の「してほしくない」という気持ちが伝わった結果なのです。

「それ危ないからダメ」と禁止のアプローチで伝わる子もいますが、それはその理屈を理解したからというよりも、その背景にその行動を大人が望んでいないというニュアンスを感じ取るからなのです。

ですからむしろ大人の気持ちを伝えるところに重点を置けばいいわけです。

「ダメっ」「危ないっ」というような制止のアプローチは、その行動を押さえつけるという一過性の関わりに過ぎません。

「積み木は投げない」と伝えるのは、理屈やルールを教える関わりです。ある程度の発達段階に至った子、例えばそういったルールをすんなりと理解する五歳児くらいであれば、それでも問題ない場合もあるでしょう。

しかし、それよりももっと小さい子に対しては、大人の気持ちを伝えることのほうが理解しやすいのです。

そのため、「投げたら私は困る」「投げるのは私はイヤです」というように、自分の気持ちをしっかりとのせられる言い方で伝えてみましょう。

大人のほうがその気持ちをしっかりと言葉にのせて、それと表情・態度でも一緒に示すことで「大好きなお母さんがしてほしくないと思っているのだ」と子どもが感じて、その行動を良くないと思うようになり、結果的にそれをしなくなるわけです。

このとき、忘れてならない大事なことがふたつあります。

ひとつは「待つ」というプロセスです。

大人が気持ちをのせた言葉を子どもに伝えたら、結果を急いで求めてはなりません。子どもは言葉を理解してそれを行動に反映させるまでに、どうしても時間がかかってしまうものです。それを待てないで言葉でたたみかけてしまうと過干渉を招き、結果的に子どもは大人からのアプローチをスルーすることが多くなってしまいます。

「子どもを信じて待つ」というプロセスが必要なのです。

具体的には「投げたら私は困る」と伝えたら、じっと見つめながら様子を見守りましょう。

もうひとつは「認める」というプロセスです。

じっと見守っているうちに子どもがそれを理解でき、その行動をやめたとしたら、それは大人の気持ちが子どもに伝わったということですね。そのことをしっかりと認めてあげることで、気持ちが通じたということに良いフィードバックを与えていきます。

「ちゃんとわかってくれてありがとう」とにっこり笑いかけてあげることでいいと思います。

この「認める」というプロセスがあることで、大人と心が通じることを「良いもの」にしていけるのです。このフィードバックを大人のほうもクセにしていろいろな場面でしていくことで、スルーとは逆の、気持ちを素直に受け取りやすい状態に子どもを伸ばしていけます。

大人の気持ちをしっかりと受け止めてそれに応えることが「良いもの」になっていくので、子どもは大人からのアプローチを尊重してくれるようになります。

そのうち言葉を重ねずとも視線だけでも心のパイプを伝って大人の気持ちを理解するようにもなるでしょう。

これが習慣的になっていくことで、子どもの行動を制止しなければならないようなときの対応がすんなりといくので、乳幼児期の子育てで多くの人が感じる大変な局面が減っていきます。そもそもの制止しなければならない行動までもが減らしていけるでしょう。

## どうしたらうまくいく？ ケース②

## 苦手な食べ物も少しは食べてほしいとき

### 心の言葉を使う

「ちょっとだけでもいいからそれ食べてくれたら、ママうれしいな」

飲み込めなかったとしても、口の中に入れられただけでも、それを認めてあげる。

「食べられてえらかったね。ママはとってもうれしかったよ」

などです。これらはほんの一例ですが、参考になったでしょうか。

いろいろな生活の場面で応用してみてください。この関わりは小さいときから積み重ねることでとても効果があります。

ある程度、子どもが大きくなってしまったからといって意味がないわけではありません。こういった支配しない関わり、尊重した関わりをすることで、子どもを素直な状態のまま育てていくことができます。


子どもは関わり方しだいで、育てやすくも育てにくくもなります。

僕は保育士をしてきた中で、親がかえって子どもを育てにくくしてしまっている実例をたくさん見てきました。これを読んでくれた方が少しでも楽しく子育てができるようにと思っています。

## 結局、「叱る」ほうがいいの？　「叱らない」ほうがいいの？

「叱らない子育て」というと、公共の場所などでもマナーが守れずに周りに迷惑をかけつつもそれをなんとも感じていない子どもや、それを野放しにしている親を思い浮かべる人も多いのではないでしょうか。

この場合は「叱らない」子育て方法というよりも、子どもに関心が低かったり放任してしまっているような人が、その言い訳として「叱らない子育て」を持ち出しているケースのような気がします。または子どもとの関わり方がわからなかったり、その大人自身は好ましくない行動であると考えていても自信が持てなくて、うまく子どもに「ＮＯ」と言えない人なのかもしれません。

しかし、仮に叱ることが子どものためにならないと考えているにしても、それならば叱る以外の方法を使って社会や公共のマナーやルール、人に迷惑をかけてはいけないことを伝えているはずです。

その働きかけすら親のほうにするつもりがないというのであれば、それはそもそも子育て以前に、その大人自身に社会や公共のマナーを守るべきであるという感覚が備わっていないということです。それは子育て方法以前の問題と言えるでしょう。

ですが一般的には「叱らなくていい子育て」と聞いたときに、この「叱る子育てvs.全く叱らない子育て」を想起してしまう人が多いかと思いますので、まずはここから考えてみたいと思います。

僕はどちらの考えにも、子育てを難しいものにしてしまう、ある種のあやうさがあると感じます。

おそらく多くの人も感じるように最初から「全く叱らない」と決めつけて子育てする必要はないでしょう。子どもが本当にすべきでないことをしたとき、そしてそれを大人が強く伝えなければならないときに「叱る」ということは大切な関わりになります。

## 「叱ることありき」の子育ての持つあやうさ

ではもう一方の、子どもにはしっかりと叱って関わっていくべきだという「叱る子育て」についてです。実はここにこそ、多くの人がおちいってしまう子育ての大きな落とし穴があります。

子育てする大人が最初から「子どもにはしっかりと叱って関わっていくべきだ」と考えていると、大人から子どもへの関わりの多くが、ダメ出しなどの「否定」、「あぶないあぶない」と子どもの行動を牽制するような「制止」「禁止」、あしなさいこうしなさいといった「指示」や「しーっ」「静かにっ」「早く」などの「支配」の関わりのオンパレードになってしまいます。

多くの人が既成概念として**無意識のうちに、「子どもはダメ出しをすることでその行動をしなくなるものだ」と考えてしまっています。**しかし、このダメ出しや支配的な関わりというのは、そうそう大人の思ったようにその子を変えていくわけではありません。

そして子どもが望むような姿にならないと、この考えで子育てをしている人は「否定」「規制」「制止」「禁止」「指示」「支配」の関わりを強化していってしまいます。それで子どもが思ったようにならなければ、「叱る」というさらに強い関わりに深刻化してしまいます。

## 「叱ることありき」が子育てを難しくしている

「叱ることありき」で子育てを考えてしまうと、「否定」「規制」「制止」「禁止」「指示」「支配」などを使って、子どもの姿を無理やりにでも大人の望むものにしていく、というレールに乗ってしまうことになりかねません。

子どもへの関わりを漠然と「叱ることありき」で考える人は、知らず知らず子どもを「型にはめる」ような子育てを選択してしまっています。

それはとても窮屈で、「子どもの理想像」を大人が勝手に決めてしまい、子育ての目指すところをいつのまにかたったひとつにしてしまいます。

それが先ほどあげたような「否定」や「指示」など、子どもに対してネガティブな関わり方を大人にたくさん要求していきます。その結果それは「過保護や過干渉」、「子どもの自己肯定感の低下」などを招いてしまうのです。

子どもの個性はいろいろですから、それでもさして問題なく、まっすぐ育っていける子もいるでしょう。しかし、中にはその支配的に関わる大人の前では「良い子」になるけれども、それ以外の場面では、少しも望ましい行動をとれないというような子に育ってしまうこともあります。

そこまでいかずとも、子どもがだんだん大人の目に余る行動をするようになってくると、小言や叱ることで子どもを押さえつけたり、ごまかしたり、おどしたり、おしゃぶりなどを使って子どもの困った行動を一時的に出させないようにしたりなどということを、子育ての長い期間にわたって繰り返す大人がとても多いのです。

このような「叱ることありき＝子どもを大人の思うように支配すること」の子育ての考え方は、本質的には子どもそのものの力を伸ばしているわけではありません。大人から見たときの適応的な姿に当てはめよう当てはめようということを繰り返しているに過ぎないのです。

この方法では、子育ては大変なばかりです。大人は子どもの望ましい姿を求めているのに、それ自体が望ましい姿から遠ざけてしまうような関わり方なので、長い期間にわたって大変さばかりがつのります。

また大人にとっても、これら「理想的な子ども像」に近づけようとする子育ては、その理想と目の前にいる我が子とのギャップから、子どもだけでなく自分自身を否定する方向に気持ちが向いてしまいます。この大人の自己否定も、子育てを苦しいものにしてしまう大きな原因となります。

ですから、僕は「叱ることありき」の子育て方法というものにあやうさを感じています。

僕が現代の子育てをする人に知っておいてほしいのは、子育てをするのに「叱って育てるのか」、「叱らないで育てるのか」というどちらかに偏ったお話ではなくて、「子育て＝叱る」ではない、ということなのです。

子どもを育てる上で「叱る」ことは出てくるかもしれない、でも「叱る」前にやれることはたくさんあるということを知っておいてほしいのです。

## 悪意のないことへの「否定」は「育てにくさ」を生む

実際、年齢の小さい乳幼児に対して本当に「叱る」必要のあることって、あんまり存在しません。

例えば、こんなことをよく相談されたり、話として聞くことがあります。

**一歳の子がおります。**

**この頃、食事のときに面白（おもしろ）がって食べ物をテーブルから落としたりするのだけど、やっぱりきつく叱ったほうがいいですか？**

**食事のときに食べ物を落とすようになったので、あんまりわかっているようには思えなかったけど、おしりを叩いて叱りました。**

こういうとき、大体僕はこんな風にお伝えしています。

その子はなんらかの悪意をもってやっているのでしょうか？　もしそうならば叱ることも必要かもしれませんが、おそらくは違うと思います。

そのくらいの年齢になると、つまんだり、摑(つか)んだり、また手を開いてそれを落とす能力を獲得します。子どもは能力を獲得すると、それを使ってみたくなるのですね（二歳くらいでは投げる能力）。

なにかそういう遊びがあればいいのですが、たぶんまだ満足しきっていないので、いまは食事のときが一番それをやりやすくなってしまっているわけです。

食事のときは、「食べ物は大事なものだから落としたら困る」というお母さんの気持ちをしっかり子どもに伝えましょう。そのとき必ずしも叱ったり怒ったりする必要はないのです。でも、食べ物を落としたらイヤだというお母さんの気持ちをしっかり込めて伝えてあげてください。

大事なのは「食べ物を落とすべきでないという理屈」を教え込もうとするのではなくて、「私はそれがイヤなのだ」という気持ちをしっかりと込めるということです。

一方で、型落としの遊びとか、缶に積み木などを落とす遊びを用意してあげましょう。授乳期なら粉ミルクの空き缶とか、たくさん出ますよね。最近のものは缶のふちで手をけがしにくくなっているので、そういうものに積み木を落とすだけでもとてもいい遊びになるんです。

そうやって落としたい気持ちを満足させ、お母さんの気持ちも伝えていくことで、子どもはだんだん食事を落とさないようになっていけるはずですよ。

これは一例に過ぎませんが、乳幼児など、特に小さければ小さい子ほど、子どもの行動には悪意ではないなんらかの理由があります。

その行動が大人の規範に合わないからと、頭ごなしに叱られたり、いちいち規制されていたらどうでしょう？

そればかりを積み重ねていると、子どもはそこに強いストレスを感じたり、素直に大人と関われなくなってしまうわけです。

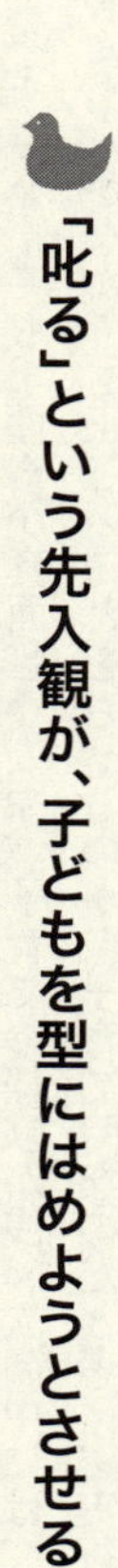

## 「叱る」という先入観が、子どもを型にはめようとさせる

「叱る」「規制する」ばかりの子育てを選択してしまうと、大人にとっても子どもにとっても、本当に子育てが大変になります。

そして残念なことに、叱られることをする子の行動の原因、それをずっとたどっていくと、根本は「叱ったり、規制ばかりする」という子どもにネガティブな関わりを重ねる親の子育て姿勢にあることが少なくないのです。つまり、子どもが叱られることをする原因になっているのは、親自身がしている「叱ること」にあるという悲しい矛盾があるのです。これでは親にとっても子にとっても救いがありませんよね。

ある方が相談の中でこんなことを言っていました。

**「三歳までは子どもは叩いてしつけなきゃだめ」と言われて、自分では心苦しいのだけど、これまでそういう風に育ててきました。しかし最近になり、お友達を叩いてばかりいる行動を見てこれではいけないと思うようになり、いろんな子育てを模索していました。**

こういうことって少なくないと思うのです。

おじいちゃんやおばあちゃんに、「しつけがなってない」と言われたり、「叱らなさすぎだ、もっときちんと叱りなさい」と言われたり、無言のプレッシャーを受けたりしている人もたくさんいます。

そうでなくても、性格が真面目な人や、子育ての経験が浅い人の中には、子どもになにがなんでも正しいことをさせるのが「子育て」なのだと考え、実行する人もいます。

これまでの日本の子育てのスタンダードは「子育て＝叱る」になってしまっています。こうした意識を大人のほうが変えないと「子育て＝大変」という状態にいつの間にかはまってしまいます。

適切な関わり方を知ってさえいれば、子どもは何も叱ったりお説教をしなくたって、きちんとルールを守ったり人に優しくできる子に十分育っていけます。

「叱らない子育て」とは「子どもを叱ってしつけていく」のか「一切叱らないで子どもの好きにさせる」のかといった問題ではなく、養育態度として安易に「叱る」を多用しない子育てなのだと知っておいてください。

僕が「叱らなくていい子育て」と言っているのは、その「叱らない子育て」からさらに一歩進めて、そもそも子どもは親に寄り添ってくるものだから、関わり方が適切ならばもともと叱る必要のない、子ども本来の姿を見せてくれるということなのです。

そのために具体的にどのように関わっていけばよいかというのは、本書の後半で改めて詳しく述べていきます。

# 叱ることがやめられなくなってしまう理由

## 叱ることのもうひとつの問題

「叱る」ということの問題点は他にもあります。

それは「叱ること」はクセになるということです。

クセといっても、それは単なる習慣ではなく、心理作用による習慣性と言えるような根深いものです。


子どもが大人のめがねにかなわない行動をとると、そこを大人は気になり指摘するわけです。その指摘が「叱る」という大人の側のリアクションとなっているのですが、大人は常に平静にそれができるわけではありません。たいていの場合は、子どものそういった行動を苦々しく感じたり、イライラしたりしています。

また、子どもが泣き喚いたり、ぐずったり、思い通りにならないことにも、人は強いストレスを感じます。

「叱る」という関わりが子どもに向けられるとき、同時にそこには大人の側のストレス、イライラの解消という心理作用が混じっています。その大人自身そのように考えているわけではないのですが、そのような「叱る」という行為にはストレスの解消作用という、一種の心地よさが含まれているわけです。


そういうことが繰り返されていくと、叱ることが自分でも無意識のうちに抑えられなくなっていきます。なので子育ての中でひとつひとつ理由を冷静に判断して叱るというよりも、叱ること自体がクセになってしまいます。

すると、もうちょっと冷静に考えてあげれば子どもにはそうする理由があったとわかるようなことでも、頭ごなしに「叱る」という対応が出てきてしまいます。


もちろん、そのストレスの解消をそのときはぐっと抑え、他の機会に別の方法で解消することもできます。しかし、叩いたり、怒鳴ったり、暴言をはいたり、怒ったり、ヒステリーを起こしたりすることを自分に許容していれば、だんだんとそこで抑えることは難しくなっていきます。

そのような関わりは子どもの自己肯定感をどんどん下げてしまいます。

「叱ること」に無頓着でいるとそのように、いつのまにか子育てをさらに大変なものとしていきかねません。なので「叱る」を当たり前にはしないほうがいいでしょう。このことは「叩く」ということについても同様です。叩くこともクセになってしまい、大人はさして何も考えずに手が出てしまうようになりかねません。

子どもを叩いてからはっと気づいて、「なんで叩いてしまったのだろう」と後悔することを繰り返すようになってしまう人も少なくありません。

ストレスをともなうことの多い「子育て」において、なにかにつけて「叱る」という対応をとっていると、その必要のないときですら叱ることを止められなくなってしまうことがあるのです。

そうすると「叱ること」がどんどん増えていってしまいます。それは結果的に子育てを大変なもの、つらいものとしかねません。

これが多くの人が気づいていない、育児書などでも書かれることの少ない「叱ること」の落とし穴です。

「叱ることありき」で子育てを考えていると、子どもを叱るために、つねに子どもの悪い部分を探し続けるような立ち位置に大人がついてしまうこともあります。それではうまくいくものもうまくいきません。気をつけたいですね。

## 「叱る」ことと「怒る」ことはどう違う？

世間ではよく「怒るのではなく、叱ることをしなさい」と言われます。

僕もこの言葉の言わんとするところはわかりますが、でも同時にこの言葉にも落とし穴があると感じています。

まずこの言葉の意味するところは、「怒る」というのは感情的なものであって、それで関わっているとそういう感情を子どもにぶつけることに歯止めが効かなくなっていく。またそのような感情をぶつけることでは子どもの心をねじまげてしまったりして適切にはいかないものだ。一方で「叱る」というのは規範や理屈に照らして子どもに説き聞かせることであるから、子どもそのものを否定せず、子どもの心をねじまげたりすることなく伝えていくことができるのだといったところだと思います。

確かにその対象とする子どもが、規範や理屈をすでに備えていて、それと照らし合わせて自省できるような到達点まで達しているのならばそれでいいでしょう。その伝える内容や個々の状況にもよりますが、例えば小学校中学年くらいであればそれが十分可能であるかと思います。

しかし、僕がこの本で子育ての対象として考えている乳幼児期の子どもにとってはそうとは限りません。

年齢や個々の発達段階にもよりけりですが、規範や理屈がまだ完全にその子のものとして備わっていないのに、規範や理屈を大人が押しつけて対応していると、それは子どもを理解しないばかりか、気持ちの逃げ場のないままに圧殺するような関わりとなってしまうこともあるのです。

どういうことか例をとって見てみましょう。

例えば二歳十ヶ月の男の子。この子はすでに「食べ物を大切にしなければならない」ということはしっかりと理解できているとします。たまたま今日は興奮しており、食事のときにふざけて食べ物を投げてしまいました。

それに対して「いけません。食べ物を投げることはいけないことです！」と「叱った」とします。これに関してこの男の子は「食べ物を大切にしなければならない」という規範をすでに持っていますから、叱られたことで自分でそれはすべきことではなかったという自省の気持ちに到達することができます。この分には「叱る」ということは問題なく機能しています。

今度は遊びの場面で同じ男の子。

この男の子はまだ自分のモノと他者のモノを区別することが完全にはできない発達段階にいるとします。なので、「モノには自分のモノと他者のモノが存在して、他者のモノを勝手に使ったり取ったりしてはならない」という規範はまだ理解できていません。

この子が他児の使っているおもちゃを取っていって結果的に相手の子どもを泣かせてしまったとします。

これに対して大人が「いけません。人のモノを取るのはいけないことです！」と「叱った」とします。これが先ほどの食事のときと同じようにいくかというと、そうでもありません。

なぜなら「叱られた」ことから照らし合わせるべき規範をまだ自分の内に持てているわけではないので、自分でそれに納得して自ら反省するというところにはたどり着けないわけです。

ここで子どもの心に強烈に残るのは、自分では納得できないことで自分を否定されたということです。

ある面ではこの「叱る」ことが、まだこの子には備わっていない「モノには自分のモノと他者のモノが存在して、他者のモノを勝手に使ったり取ったりしてはならない」という規範を教えることにつながることもあるかもしれません。

しかし乳幼児の発達というのは、理屈だけを教え込めばそれで成長するというわけではないのです。一定の年齢に成長しないと理解できないこともたくさんあります。

例えばここでは、まず前提として「所有」の概念を理解するという内的な成長が必要です。これは理屈だけで教え込めるわけではなく、心の発達がなくてはなりません。

それがまだないのにその上の理屈をいくら仕込んだところで、本当には子どもの身につかないのです。

ですから、このケースでは「叱る」という理屈を突きつけることによって理解を促すという行為は完全には機能しません。

むしろ子どもの側からすると、「信頼していたはずの大人から、理解できないことで理不尽に自分を抑えつけられた」という、自己肯定感の喪失と、大人と子どものあいだの信頼関係の低下という結果だけが残ってしまう可能性もあるのです。

多くの子はその自己否定と信頼関係の低下を避けるために、大人からの関わりそのものをスルーしようとします。しかし繊細な子の中には、その自己否定を真に受けて萎縮してしまう子もいます。

## 大人の気持ちを伝えるための「怒る」という選択肢

多くの親子を見ていると、乳幼児に対しても「叱る」という関わりを重視するあまりクドクドと、とても過干渉になってしまう人や、いつも親から正論を突きつけられてしまうので気持ちのやり場がなくなり鬱屈してしまっている子ども、最初から聞く耳を持たなくなってしまっている子どもなどをたくさん見かけます。

僕はある面では「怒る」ということも大切なことだと考えています。

たしかにヒステリックになってガミガミと子どもに感情をぶつけてばかりでは困りますが、「理屈」ではなく「気持ち」を伝えるということにおいて、乳幼児に対して「叱る」よりもこの「怒る」ということが適切な場合もあるのです。

「叱らなくていい子育て」について述べたところで、子どもは大人の心に寄り添おうとするものなので、「楽しい」「うれしい」「悲しい」「困った」という「心の言葉」を使うことで普段から「心のパイプ」を太くしていきましょうといったことを述べました。

先ほどの男の子がモノを取ってしまった場面においては、この「心のパイプ」を使って「私はその行為が嫌なのです！」といった、大人の気持ちを伝えることが、理屈でNOを突きつけるよりも子どもを適切に伸ばしていける関わりだと思います。

そのために「それは困ります」「私はそれは嫌なのです」という大人の気持ちを、言葉と態度と表情と視線でしっかりと、その男の子に見せればいいのです。

もしそのものごとが強くしっかりと言わねばならないことだと思うならば、そのとき「怒る」という強い姿勢でそれらを伝えてもいいのです。例えば、他児を叩いてしまった、というようなときはそうです。

乳幼児は最初から「理屈」を身につけられるわけではないのです。信頼する大人が、そのものごとや行為を好むか・好まないかということを感覚的に理解して、そのあとから理屈というのはついてきます。

ですから、クドクドと理詰めで一〜二歳児に「正論」を教え込むような関わりを積み重ねていても、その子はそのものごとをなかなか身につけられません。

むしろ、その大人による過干渉や否定的な姿勢によって、子どもは自己肯定感を下げたり、大人に信頼を置かなくなったりしてしまいます。それでは余計に、子どもの姿は難しくなり、大人も関わりにくくなるのです。

## その3　「叱らなくていい子育て」はこんなときに使う

### 遊びの中での関わり方

「叱らなくていい子育て」について述べたところで、大人は「否定」「規制」「制止」「禁止」「指示」「支配」、こういった方向の関わりが多くなってしまうと言いました。遊びの場面でもこれらの関わりがよく見られます。そのような大人の姿勢は楽しいはずの遊びの満足感や達成感を下げてしまったり、せっかくの遊びの場面が過保護や過干渉を積み重ねる場になってしまい、子育てを難しいものとしかねません。

「叱らなくていい子育て」の基本姿勢について、具体的にどういう風に関わっていったらいいのか、遊びの場面から見ていきたいと思います。

年齢が大きくなっても基本的には同じなのですが、成長した分だけ複雑になることもあります。わかりやすくするためにここでは乳幼児期、およそ三歳くらいまでの子どもを念頭に話を進めていきます。ただし、子どもの個性はそれぞれなので、これがすべてでもなく、必ずしもこのようになるというわけでもありません。関わり方の方向性の例ということでお読みください。

## 遊びの中で言わないほうがいいキーワード

普段からそうですが、乳幼児の遊びを見ている大人はついこれらの言葉がけが多くなります。

「ダメ」
「うるさい」
「あぶない」

親子でいる様子を観察していると、こういった言葉をよく使っていますが、これらの子どもを支配・否定する言葉は、遊びを荒らす原因になります。

さらに、大人が発する言葉の価値をどんどん自分から下げていくことになってしまいます。こういう言葉を言われ慣れている子はだんだん大人の言葉をスルーしていくようになります。

例えば、特に乳幼児のときに多いのですが「あぶない、あぶない」と遊びを見ているあいだ中、言い続けている人がいます。多くの場合それは正確には「あぶないかもしれないので、やめろ」と言っているのですね。「あぶない」を口癖のように言っている人は、実はたいしてあぶなくないときでも発しています。子どもからすると「やりたいこと」を制限し続けられてしまうということです。

慣れてしまうと大人の制止の言葉を無視してその遊びを続けるようになります。大人はその状態を不承不承後ろから追いかけ、さらなる過干渉を重ねることになります。声をかけてもやめなくなってしまうのだから、そもそも「あぶない」と言う意味自体がなくなってしまいますね。

僕はこういうとき、大人のほうが安全を確保できるよう動いて、子どもにはある程度は自由にやらせます。ちょっとした高さのところに登ったりしたがることは一、二歳頃にはよくあることです。当然、落ちたら大怪我や命の危険があるようなところではさせませんが、固定遊具の段になっているところに摑まったり、下を覗(のぞ)いたりするくらいなら、自分が転落や転倒の可能性のあるほうへ行って見ててあげればいいのです。そして、本当に危険のありそうなときは「あぶない」と制止するのではなく、「こうなってしまうから、気をつけて」と伝えて考えさせます。そして一回言ったら、理解できるようジィーっと見守ります。

それまで過干渉などになってなく、きちんとした関わりを積み重ねてきた子ならば、自分からあぶないことをやめられることがあります。自らその行為をやめられたら、「ちゃんとわかってえらかったね」などと、理解してくれたことを認めます。

こういうことを繰り返すことで、言葉の価値はむしろ高まります。

これはお話しした「叱らなくていい子育て」の応用ですね。

ですので、僕は本当の本当に危険なとき（車道に飛び出してしまうようなときや、人に向かって石を投げてしまうときなど）にしか「あぶない！」と言いません。だからこそ、そう言われたとき子どもは「ハッ」として止まってくれます。

しかし、もちろんすぐにでも危険があるときは無理やりにでも安全確保しましょう。

## 「できること」より「できたこと」を見よう

子どもは往々にして、できないことに挑戦していきます。

それは自分でできるようになってこそ意味があるのだから、僕はあまり手を貸してやらせてしまうことはしません。

それをしてしまえば、いざ自分でできるようになったときに当然感じられるはずの達成感を奪ってしまうからです。

でも、中には大人に手伝ってもらうことを要求する子もいます。

そういうときは「ちゃんと見ててあげるから、自分でできるところまでやってごらん」と見守るだけにします。「そっか、一番上までいけなかったけど、大きくなったらいけるようになるからいいんだよ」とできたところまでを認めてあげます。

その日はそれで終わったとしても、子どもはこのことを必ず覚えています。そして次来たときや、できるようになったときに、「(前はできなかったけど)デキタヨ~ミテミテ~」と大人に見せてきます。

そのとき大人もできなかったときのことを覚えていたら、一緒に達成感を感じてあげられて、子どもにとってもその喜びはより大きなものになりますよ。

実は「できること」自体はそれほど重要ではありません。極端な話、成長がある程度進めば多くのことは誰でもできるのです。むしろ、それを自分の力でできたと感じられるかどうかが大切なのです。

ただ、何かを手伝ってもらうことで大人との関わりを確かめようとする子もいます。こういった子は「自分でやってごらん」といった声がけを、自分を受け止めてくれないと理解してしまい、ぐずったりゴネたりしてしまうかもしれません。こういうケースは「遊び」についてのことというよりも、「受容」についての問題になります。「受容」については後ほど詳しく述べます。

子どもが何かを達成するには「心と身体」の両方が、そこまで到達していなければできません。

大人からは、身体がしっかりしていてそのことができるように見えても、子どもの気持ちが怖がったり、やりたくなかったりしたら、それはできません。でも自然にできるようになることならば、それまで待ってあげればいいのです。急いでさせなければならない必要などさしてありません。

だんだん大きくなれば、待っているだけでは達成できないこともたくさん出てくるでしょう。そういうことに、大人が手を貸してあげるといいのではないかと思います。

## 「うるさい」と言わずに子どもが静かになる方法

「うるさい」という言葉、大人は子どもに対してしばしば使っていますが、これはかなり強い否定の言葉です。声を発すること、しゃべることを否定するわけですから、実はその人を全否定することに近いのです。それを大人は当たり前に使ってしまっています。これが子どもにとっていい影響を与えるか与えないかは一目瞭然です。

子どもは遊んでいると声が大きくなったりします。でも別に悪気があってやっているわけではないのですから、普通に教えてあげればいいのです。

「あんまり大きい声で話されると、耳が痛くなっちゃうから小さくしてね」
「お部屋の中では普通の声でしゃべるんだよ」
「隣のおうちの迷惑になっちゃうから、もうちょっと小さい声にしよう」
「図書館では小さな声にするものなんだよ」
「ここはお店ですから小さい声にしてください」

など、理由に重点を置いて普通に言えばそれでいいのですね。

そうするとだんだん、子どもは自分で考えて声を調節できるようになります。声の大きさをコントロールできるってことは、ある意味自分を客観視できるということだから、感情をコントロールしたりする力にもなっていきますね。

「うるさい」と頭ごなしに言われてきた子は、どうして悪いのか理解しないままずっと言ってしまうので、結局大人に制止されたときだけしか直さない子になってしまいます。これではさして大人から子どもへの関わりの積み重ねにはなりません。それは、子どもそのものの力を伸ばしているわけではないのです。

## 「心配」しすぎると子どもは依存するようになる

ときどき、子どもが転んだり、頭をぶつけたりすると、泣いてもいないのに大慌てで飛んでいって「どうしたのっ！　ぶつけちゃったの？　大丈夫っ？　痛かったの？　痛かったわねっ～」なんて大げさなくらい心配してしまうお母さんがいます。心配な気持ちはわかりますが、こういう対応はふたつの点で良くないことがあります。

ひとつは、実はこれは子どもの自尊心を傷つける場合があるということ。たいしたことでないのに「自分がとても大きな失敗をしたのではないか?」「大きな失敗をしてしまったのだ」と、親が必要以上に大げさな対応をすることで失敗をしたと落ち込んだり、自尊心を傷つけてしまうのです。

ふたつ目には、オロオロする大人を見て、泣いたり、叫んだりすることで大人を支配することを学習してしまうのです。また、大人に対する依存心も大きくさせてしまいます。

ではどういう風に対応すればいいか?

本当になんらかの怪我をしているようなときは、大人が行って適切な手当てをしてあげてください。次の例は、怪我ではなくちょっとぶつかってしまったときのような対応の仕方です。

**その1**

「あ～ころんじゃったね～～～」とあわてずにのんびり見たままを言います。

すると子どもは、「あれ、お母さんそんなに心配していないし、それほどたいした失敗じゃなかったのかな？　うん、そうだきっと」とそのまま遊びに戻れたりもします。

**その2**

そのときの驚いた気持ちや、痛かった気持ちのほうが大きい子は、そのまま遊びに戻れなかったり、泣き続けたりします。

こういうとき何を求めているかというと、それは共感してもらうことなのです。だから「あ～ころんじゃったね～痛かったね～ビックリしたね～」と気持ちを受け止めてあげればいいのです。

「自業自得よっ」とか「ママがアブナイって言ってるのに、言うこと聞かなかったあなたが悪いのよっ」などと言うことは「共感してもらえなかった」「わざとやろうとしてやったのでもないのに怒られた」と子どものモチベーションを下げたり、自己肯定感を下げたりとあんまりいいことはありませんので、言わないほうがいいかと思います。

## 見守られている感覚がよりよい遊びへの力になる

子どもは遊びの途中でも、何度となく大人の様子を確認してきます。そのときに大人がきちんとその子を見ていて、そこに笑顔や温かさ優しさなどが感じられると、子どもは安心して遊びを続けることができます。

僕は子どもを遊ばせるとき、おおらかな気持ちで見守るようにしています。子どもが機嫌よくひとりで遊んでいるときでも、必ず大人を振り返る瞬間があります。そのとき微笑んでうなずきながら「あなたをちゃんと見守っていますよ―」というメッセージをその視線にのせて送ります。

すると子どもはまたいままでしていた遊びを続けます。でも多くの子は、程なくしてもう一度大人を振り返ります。そのときも最初と同様に「見守っていますよー」という視線を送ります。

こうすると子どもは安心感を持てて、遊びの世界に入り込みやすくなります。

逆に、この確認したときに見ていないことが繰り返されると子どもはなんとなく不安になって遊びが中断してしまったり、大人のところに戻ってきてしまったり、相手をしてもらうことをせがんだりということが多くなってしまい、いい形で遊びが続けられなくなることがあります。

また、そういうことが繰り返されていると、最初から大人のことを確認しなくなっていきます。すると、やたらとモノを投げたり、普段大人がしてほしくないと言っていることをするなどの荒れた遊びが多くなったり、遊び中の怪我が格段に増えたりしますので、子どもが自分で遊んでいるからといっても目を離さないようにするといいでしょう。特に興奮して遊んでいるようなときはなおさらです。

ただ、その目を離さないというのは、子どもの行動を規制したり、「あぶないあぶない」を口やかましく言って監視をするような見方ではなく、あくまで「あなたを見守っていますよ」という温かくおおらかな気持ちでいることが大切です。

## おもちゃの取り合いにはこう対応する

その子の遊びを「守って」あげること。これはとても大切なことです。それには年齢が大きいからとか小さいからということはあまり関係ありません。

親はしばしば我が子におもちゃを譲らせたりすることを求めます。周りの子どもがそのおもちゃを使いたがっていたり、それが我が子より小さい子どもだったりするとなおさら「ほら、お兄ちゃんなんだから貸してあげなさい」というように子どもに貸させようとします。多くの人がこのような働きかけを当たり前のことと考えてしていると思います。

でも実は、このことは子どもが遊びを身につける過程において、どちらの子どもに対してもプラスにならないのです。

子どもの個性はいろいろですから必ずしもというわけではないですが、これをしても小さい子は「大きいお兄ちゃんだからおもちゃを譲ってくれたんだ」とはあまり考えられません。

小さい子がまず単純に理解するのは「欲しいおもちゃは取っていい」ということです。そして大きい子のほうは、「小さい子というのは自分のやりたいことを制限する存在なのだ」と感じていきます。そうなってしまうと小さい子を大事にするものと考えたり、かわいいと感じることがだんだんできなくなっていきます。

また、他児がそばに来たりすると遊びに没頭していても、「遊具を取られてしまうかもしれない」という気持ちから遊びへの集中を削がれてしまったり、じっくりと遊んでいても遊具を取られてしまうことから、そもそも遊び込むことをしなくなったりします。

では、どうすればいいのでしょうか？

## 小さい子が大きい子のおもちゃを取ろうとしたとき

「それはお兄ちゃんが使ってるよ。こっちのおもちゃで遊ぼう」と別の遊具を差し出して、気持ちを切り替えてあげるとともに大きい子の遊びを守ってあげる。

こうしてあげることで遊びが維持されるとともに、大きい子は自分が尊重されたと実感することもできます。これが心に余裕を持たせてあげることになるので、結果として小さい子や他者に優しく接してあげられる助けになるのです。

そして、こうして作られた心の余裕は、いずれ結果として小さい子や友達に自分からおもちゃを貸してあげられる子にしてくれます。

## 逆に大きい子が小さい子（同年齢でも）のおもちゃを使おうとしたとき

「どうしてそれ使っちゃうの？　よく見て。○○ちゃんが使っているよ」と叱るのではなく気づかせる。そして、自分の遊んでいたものを思い出させたり、そうでないなら使っていないおもちゃなどを提供していく。または、「入れてって言うといいよ」などスムーズに遊びが展開できるような手助けをする。

こういった場合も、意地悪でわざと横取りしているのでなければ、その遊びが面白そうで興味をひかれてしまったわけです。

なので、注意するのではなく気づかせ考えさせていくようにすると、子どもの心も荒らさず、遊びも荒れないので良い遊びの空間が維持されていきます。

## 「わたし」が大切にされたから「あなた」も大切にできる

二歳前後くらいのお子さんがいる方からひんぱんに「うちの子はお友達におもちゃを貸してあげられないんです」とか「いつもは貸せるのに、家にお友達を呼んだときはものすごいかんしゃくを起こして貸してあげられないので困っています」といった相談を受けます。この種の悩みはとても多いです。

これは子どもの発達段階から考えると、大人のほうがかなり無茶な要求をしているのですが、「ものは貸さなくてはならない」という一般的な先入観がそうさせてしまうので、本来ならばそうならなくていいのに、悩んだり、自分を否定されるような経験をしなくてはならなくなっています。

子どもの発達段階を踏まえてこの問題を見てみましょう。

子どもの成長には身体の発達だけでなく、理解力などの頭の発達もありますね。しかし、それらの前に実は「心の発達」もあるのです。

いわゆる「魔の二歳児」、昔で言うところの「第一次反抗期」（正確には子どもは反抗しているわけではないので最近ではこの言い方は誤解を生むので使われなくなっています。僕は「成長期」という言い方を採っています）の頃になると「自我」が大きく発達してきます。それにともなって「これはわたしのもの」という所有の感覚が育ってきます。

これはどの子どもも通る発達の過程です。お子さんをお持ちの方はそういった「わたしの」という気持ちが強くなっている姿を必ず目にしていると思います。この気持ちが育ってくる頃から、自分のものとしておもちゃや服を買ってもらうことをうれしいと強く感じるようになってきますね。

多くの人がこの段階から他者にものを譲ることを子どもに求めているのですが、この時期の子どもは「わたしのもの」という感覚の練習中なのです。

その子どもに「わたしのものではあるけれども、それが返してもらえるという前提のもと一時的に他者に貸す」という行為をさせることは、発達段階以上のこと、まだ無理なことを大人は求めてしまっているのです。

これをしつこく要求するのは、「わたしのもの」という感覚を子どもが自分から練習している、その時期の発達を邪魔することになってしまいます。

自分のものであることを尊重されていないと、なかなか「もし貸したとしても返ってくるのだ」ということを身につけられません。つまり、ものの貸し借りができるようになるためには、「わたしのもの」という心の成長が急激に伸びているこの時期に、大人の方がそれを認めてあげる経験が大切なのです。

しかし大人は「貸すことができる」という行為を重視するあまり、発達段階を飛び越えたことを要求して、いまするべき子どもの発達を混乱させてしまうことがあるのです。

「自分を大切にできない人は他者を大切にできない」などとよく言われます。

この、ものの貸し借りという子どもの成長には、まさにこれが当てはまります。

「わたしのもの」という発達段階には、それを大人が認めて十分にその経験をさせてあげることが大切です。発達段階を飛び越えて「〇〇ができること」の先取りをするのはあまり意味のあることではありません。

大人は通常、子どもの目に見える部分の成長しか意識していませんが、実は目に見えない部分でもさまざまな成長の階段を登っているのです。

そういうわけでこの種の相談を受けたとき、僕はこのようにお答えしています。

**お子さんのいまの「自分のものに対する執着が強くて、人に貸すことができない」という現状は、その子が幼いからでも、しつけがなっていないからでも、意地悪だからでもありません。**

**いま「自分のものに対する認識」というものを獲得する、誰しもが通る段階のまっただ中にいるということなのです。この段階を適切に踏んでいけば、程なく貸し借りができる段階にいけるでしょう。**

いま人に貸すことを無理強いしていけば、むしろ、貸し借りを自分から気持ちよくできる段階を獲得するのがかえって遅くなることがあります。

ですから、この段階で大人が子どもにできる援助は、ある場面で貸し借りができるのならばそれを認めたり褒めたりしつつ、自分のものにこだわっているときはそれもまた認めてあげることだと思います。

日本人は謙虚であることを美徳とするので、使っているものを誰か他の子が欲しがると、「貸してあげなさい」というアプローチをしてしまうけれども、本当はそれは本人のためにも欲しがっている相手の子のためにもならないことなのです。

**子どもが貸したくないときは「そうだね～いまそれ使っているものね」などと共感してあげることこそが、実は将来的に貸し借りのできる子どもにする適切なアプローチなのです。**

（お子さんがすでに四～五歳などでそういった発達段階を確実にクリアしているのであれば、貸させることも場合によって問題はありません）

そういったとき相手の子には、「見てごらん、それいまどうしているかな？使っているね」と認識を促していくと、その子の成長にもプラスにしていけるでしょう。

お友達と自宅で遊ぶようなときは、お友達に「いま自分のおもちゃにこだわりの強い時期なので、なかなかおもちゃを貸してあげられないかもしれないから、よかったら遊ぶものを持ってきて」などと伝えるといいかもしれません。そうすると「これは自分のもので、あっちのは友達のもの」という認識もそこで伸びるので、プラスになるでしょう。またお友達にとっても、誰しもが通る段階なので無駄なことではありません。

## 悪意がないのに否定しない

大人がもし他の人から故意にしたわけでもないことで叱られたり止められたり注意されたりということを繰り返されたら、そこに怒りを感じたりイライラしたりへこんだりしてしまいますよね。でも、大人から子どもへの関わりの中では、わりとこれが当たり前に行われています。

これを普段からされていると、一見それは特にこたえているようでなくても、実はちょっとずつ影響が出ます。遊びのときもやはりこういう声がけが多いと、良い遊びができなくなる理由のひとつになります。

そうしないために**注意や否定の言葉を大人が言う前に、「そのとき使う言葉を教えてあげること」**を僕はしています。

## 例　遊具の取り合い

例えば、子どもはしばしば、他児の使っている遊具を取ってしまいます。

「Aちゃん！　それはB君が使っているでしょ。ダメよっ。返しなさい」

などと大人は言ってしまいます。

こうすると、特に意思のはっきりした子などは意地でも返すものかと意固地(いこじ)になり、その遊具を握り締めて返さなかったり、否定されて整理できなくなった気持ちがあふれ出て感情的に泣いたり、その遊具を投げてしまったりすることもあります。

こういった、子どもの側からすれば理不尽な対応を大人からされると、子どもはますますこのような行動を繰り返してしまいます。教えて直すどころか逆効果になってしまうのです。

そして、困ったことに、そうしている大人は自分がそうさせてしまっていることに気づかず、さらに注意を増大させていきます。これは悪循環です。

子どもをよく観察していれば、こういう場合は悪意で取っているのではなく、適切な言葉を知らないがためにそうしていることがわかります。そこで……、

「Aちゃん、それが使いたかったの？　そういうときはね『かして』って言えばいいんだよ」

A「カシテ」

「B君それ使ってたんだよね。貸したくないなら『つかってるよ』って言ってい

いんだよ」

B「ツカッテルヨー」

「そっか、じゃあB君使ってるから、Aちゃん、他のもので遊ぼうか」

これですぐさまうまくいくとも限りませんが、こういう方向性で子どもとの関わりを積み重ねていくのです。

これでもしAちゃんが納得してB君の遊具を取らずに遊べたら、その理解できたことを「ちゃんとわかったね」と認めていってあげれば、さらなる積み重ねとなるでしょう。

もし、Aちゃんが納得せずにB君の遊具を取ってしまうようであれば、「叱らなくていい子育て」（一三、一七頁参照）のところで述べたように、「それは私は困ります」と大人の気持ちを伝えて考えさせてみるといいでしょう。

「それはB君が使っているのだから返しなさい」と大人の強権を発動するのは、

それでもAちゃんが納得しないときになってからでも遅くはないのです。

これならば、いきなり子どもを頭ごなしに否定してしまう前に、少なくとも2ステップ、大人がとれる対応がありますね。

子どもの成長というのは大人が無理矢理に形作ってできるものではありませんから、いま目の前で必ずしも子どもが正解の行動をとれなくてもいいのです。ある方向性をもって積み重ねをしていっているという経験が大切です。理屈ではなく実際の経験を重ねつつ子どもは身につけていきます。

## 大人が子どものふき出した感情の「いいなり」にならないために

子どもの自我の発達が進んでくると、しばしば「ふき出した感情で大人に言うことを聞かせようとすること」が出てきます。

**子どもが、怒りながらなにかを大人に要求しているようなとき**です。

なにごとか叱られたりして、気持ちがつまずいて泣いた後などにもこういうことが見られますね。

そういうときは、

**「怒りながら言われたらやだな〜。かわいく○○して〜って言ってね」**

と教えてあげます。例えば、

**子ども「○○シテッ」**
**大人「もっとニコニコして言ってよ〜」**
**子ども「○○シテ〜〜」**

というように。

不思議とこれで機嫌も直ってその後もよく遊べたりします。けっこういろいろな場面で使えると思います。

ただし、大人が怒りながら言っても効き目はないですからね、大人が気持ちに余裕を持って伝えてあげましょうね。

これは気持ちの向きを変えてあげるという関わりです。

子どもが感情をふき出させてくるのは、本当は大人に気持ちを受け止めてほしいというときです。でもまだ年齢の小さな子どもは感情のコントロールの力が弱いですから、素直に表現したくてもそれがうまくできません。

そのため、それをふき出した感情として表してしまいますが、それでは大人も気持ちよく受け止められませんので、結局子どもの気持ちは満足しないままです。大人もイライラしてしまいます。

そこで、**大人がこころよく受けられる形に変えてあげる**のです。それができれば大人も子どもも気持ちよく過ごすことができます。

逆に、「子どものふき出した感情を大人が受ける」ということを積み重ねていくと、子どもはその関わり方を身につけてしまいます。「大人をいいなりにさせる」という子どもの姿です。

それでは大人も始終イライラが募るし、子どもも満足できないので、同じ子どもの相手をするにしてもよい積み重ねとなっていきません。

これを大人が知っていて、子どもとの関わりにイニシアチブを持てていると、ずいぶん子どもと過ごす時間も変わってくるのではないでしょうか。

## 子どもの「やる気」を伸ばす言葉がけ

子どもは小さい子であったとしてもやはり自分でやりたいという強い気持ちがあります。それを伸ばしてあげるために僕がしている声がけがあります。

それは**「難しかったり、できなかったりしたら手伝ってって言ってね」**です。

ある程度、遊びが軌道に乗ってきたら手は出さず見守ってあげます。一〜二歳の子だと大人がそばにいたほうが安心して遊べることもありますが、三〜五歳くらいならちょっと離れて見守ったりもします。まあ、そのへんは臨機応変です。

そのとき、自分で遊べるようにこう言って、後は見守ります。

子どもがうまくできないとついつい手を出したくなってしまうこともありますが、**大事なのはできることではなく自分でできたという経験**ですよね。

例えば、パズル遊びなどを考えてみるとわかりやすいです。パズルは大人がやれば簡単にできてしまうかもしれないけれども、それでは子どもの遊びとしてなんの意味もないですよね。

子どもは大人にやってほしい気持ちがあると同時に、自分でやりたい気持ちも元々持っているので、**本人の意思を尊重するために「手伝って」という言葉を普段から教えてあげます。**

例えば、おもちゃの電車の線路を作ったりするとき、小さい子であれば初めから完全なものができないことはわかっています。でもあえて「手伝ってほしいときは言ってね」と好きなようにやらせてみます。

子どもが自分でいろいろやってみたけどできなかったという経験をさせてから手伝っても遅くありませんよね。

その自分でやってみてできなかったこと、途中までできたこと、こうしたいのにうまくいかない、くやしいといった経験が、その子のいろいろな成長につながっていきます。また、いつかできるようになったとき、うまくいかない経験があってこそ、できた喜びも大きくなります。

そしてさらに難しいものへと挑戦する力になることと思います。

子どもに自分でやってみる経験をさせるために、あえてこちらから「いつでもお手伝いはしてあげるけど、まずは好きにやってごらん」というメッセージを送って見守ることで、子どもを安心させて遊びに気持ちが向くようにしてあげるのです。これは言葉の上だけでなく、大人の姿勢としても同様です。

## 「できない」という経験は宝

子どもは遊びの中でさまざまな自分の能力を使っているわけですが、その中には「まだ自分の力ではできない」ということも当然出てきます。

そして、この「いまの自分に何ができて、何ができないのだ」という事実を自分で知ること、そういった認識や意識を持つことも、いくつかの面から必要な経験だと思います。

ひとつには、安全確保・危険回避の面からも、自分にできること・できないことを知るのは大切なことです。

さらには、**「自分にできないこと」を知ることは、実は成長への大きな原動力ともなっています。**

「これがやりたいのだけど、自分ではできない」という場面に子どもが立ったとき、「大きくなればきっとできるんだ」と理解していれば、それはひとつの目標となります。

中には、大きな子や周りの子がしていることを自分にも当然できると思い、「いまの自分にはできない」、「大きくなればできる」ということに気がつかない子もいます。

そのままだと、「できない」という不満ばかりが募ってしまい、大人に手伝うことを要求したりもするのですが、「まだできなくてもいい」とか「大きくなればきっとできるよ」と大人が伝えてあげることで、納得したりするようにもなります。

二〜三歳の子どもを公園で遊ばせていると雲梯（はしご段）に登りたいけど登れない、途中まで行ったけれどもその先に進めないということがよくあります。

こういうとき、僕は「のぼれないー」と言っている子に、

**「見ててあげるから自分でやってごらん」**
**「自分でできるところまででいいんだよ」**
**「無理して登っても降りられなくなっちゃうから、僕は手伝わないよ」**
**「怖かったらそこまででいいんじゃない」**
**「自分の力でできることが大事だよ」**

などなど、状況やその子に応じて伝えてしまいます。

冷たく突き放して言ったら意地悪かもしれませんが、子どもとの信頼関係の上でこういうことを伝えるので子どもは納得できます。

大人が普段から過保護だったり、なんでも手伝ってもらうのを当たり前にしてしまっている子だとなかなか納得できないこともありますが。

子どもが本当に自分の心から「したい」と思っていたことならば、こういったやりとりは子ども自身しっかりと覚えていて、それが数日後・数週間後・数ヶ月後であっても、できるようになったとき、その喜びを共感してほしくてその大人にできるようになったことを報告してくれたり、見せてくれます。

さきほどの「いまはまだできなくていい」という大人の働きかけは、この共感や認めることと対になっています。

こういった経験がさらなる成長の原動力となっていくでしょう。

このようなやりとりを可能にするのには、大人と子どものあいだにきちんと築いてきた「信頼関係」が大切ではないかと思われます。

普段から過保護や過干渉であったり、支配的な関わり方で抑圧を多くしてしまっていると、なかなかすんなりとそのようにはならないからです。

子どもとのあいだにこういう積み重ねをいくつもしておけば、特に大人の働きかけがなくとも、生活も含めてさまざまな場面で自分から成長の種まきをしていけるようになるでしょう。

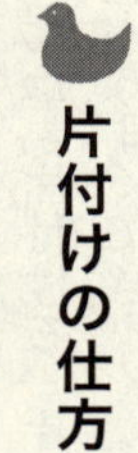

## 片付けの仕方

遊びに関しての相談でとてもよく受けるのが、

「どうすれば遊んだものを片付けられるようになるでしょうか？」
「うちの子は片付けをしたがらないので困っています」

という、片付けに関するお悩みです。

実はこの悩みにはひとつ落とし穴があります。それに気づかずに、「子どもを片付けられるようにする」ことばかりに目がいってしまうと、もっと肝心なことを見落としてしまいかねません。その気をつけなければならないことを押さえながら、片付けということについて見ていこうと思います。

## 子どもが自分からするようになることを目指す

この悩みが出てくるのは早い人だと、お子さんが一歳後半から二歳くらいからでしょうか。片付けというのは目に見えることなので、どうしても親は気にしだしたらそこが気になってしまいます。でも、片付けるということはそうとうに難しいことです。それなりの発達段階も要求されます。

片付けというのは遊びに付随していることですが、「遊びにじっくり取り組める」ことなどの前提がある程度できていなければ、身につくものではありません。

ときには「片付けろ、片付けろ」をあまりにたくさん言われるために、遊びそのものがうまくできなくなってしまうこともあります。

そのように、大人が子どもを「片付けられるようにする」ことにとらわれるあまり、片付けよりも前に身につけるべきことをおろそかにさせてしまい、結果的に片付けることも身につかないという事態になりかねません。

順番で言えば、片付けの前にあるのは「遊び」です。

そもそも、遊びがうまくできていない子や遊びが充実していない子に片付けを身につけさせようとしても、そう簡単にできるものではありません。

遊びがうまくできていない子に、片付けだけ身につけさせようとしても、それには無理があるのです。逆に言えば、**片付けを身につけさせようと思うならば、まずはしっかりと遊べることを身につけさせたほうがいいでしょう**（そのための方法については四五頁からを参照）。

大人が片付けばかり気にすることによって、それが単なる過干渉になってしまったり、遊びそのものが楽しめないようにしてしまっては意味がないのです。

僕は片付けに限らずすべてにおいてそうですが、「子どもに教え込む」「子どもにしつける」ことで子どもを「できる」ようにすることを主軸には考えていません。

外部からそうするように指示されたり、要求されているからやるよりも、子どもが身の内からそれを必要だと思ってするという、子どもが自分で持てる力として獲得させてあげることが大切だと思うからです。

ですので、ここで書くものも「うまい片付けのさせ方」というテクニックのようなものではありません。長い子育ての期間の中でどういうことを踏まえていって、いずれ片付けができる力を育めるかという気の長い話です。

これから書くことも、本当は別に「子どもを片付けのできる子にしてやろう」と思ってするわけではありません。子育ての過程ですることを、片付けという視点で大人との関わりをピックアップしたものです。「片付けができるようになる」というのは、ただ子どもに指示してやらせればいいのではなく、そういう普段の積み重ねの結果として自然についてくるものと考えています。

## とことん遊ばせることの延長線上に片付けがある

まず片付けの時間になる前に、そこまでの過程で過干渉や叱ることで埋め尽くされていたらどうでしょう。つまり遊びの段階でいろいろと言われたりしていたら、その後「片付けなさい」という指示を聞ける気持ちの余裕はなかなか持てないのです。

逆に言えば、**大人からの指示や支配を減らすことで、好き好んでしたくないことにも取り組めるだけのやる気を持たせてあげたい**ということです。

ですので、まずは遊びが充実していることが片付けができるためには必要です。それ以前の段階であれば、「片付けをさせる」ということを無理にさせずともよいでしょう。まずは遊びを楽しめていることが大切ですね。

その遊びというのも単なる「にぎやかし」の段階にいる子であったら、まずその子は片付けに取り組むことはできません。

「にぎやかし」とは、例えば遊具を投げることや、おもちゃ箱から出すだけ出して散らかすだけでその遊びが終わってしまう子、じっくりと集中して遊びに取り組むよりも走り回ったり騒がしくしたりするだけで遊びが完結してしまう子です。この段階では、大人が「片付けなさい」と口をすっぱくして言っても、それはただの過干渉に終わってしまいかねないでしょう。

ですから、子どもがその段階にいたら「片付けを身につけさせなければ」といった考えはどこかに一旦置いといて、一緒に遊びを楽しんだり、まずは能動的な遊びをじっくりとできる力を育んであげることなどから始めるのがおすすめです。

それらがクリアされているのであれば、**一緒に楽しく遊びができたその延長線上でまずは大人が片付けをしていきます。**子どもにやらせようとせずとも、子どもはそういった大人の姿を見るともなしに見ています。そのような「環境」として子どもに伝えることも、直接の働きかけではないけれども積み重ねのひとつとなっていくでしょう。

## 共感することでやる気を引き出す

過干渉や片付けの強要が、片付けをすることのやる気を奪ってしまうならばその逆をすればいいでしょう。そのためには、「片付けをできること」を目的とせず「片付けのできたこと」を認めていくといいと思います。そしてそのモチベーションをちょっとずつでいいので高めていくといいでしょう。

片付けるときは、**子どもと一緒に大人もやって、子どもが一個でもしまえたら、「ありがとう」「持ってきてくれて助かるよ」などと関わっていきます。**

大人のほうが「自分で出したものなんだから自分で片付けるのが当たり前」という気持ちでいると、なかなか片付けを「良いもの」として子どもは受け止められません。

一緒に片付けて「ああ、きれいになってよかったね」というような、「共感」をともに感じていけると、子どもにとって「片付けは大変だけれどもするといいものなんだな」という気持ちが育まれていきます。

ある程度大きくなって片付けが自分でできて当然の年齢になっていれば、叱咤(しった)激励してやらせてしまうこともできますし、それで片付けることを習慣化できるかもしれませんが、やはり子どもが小さいときからの積み重ねで、自分で片付けようというモチベーションを自然に持てるようにするほうがよいのではないでしょうか。

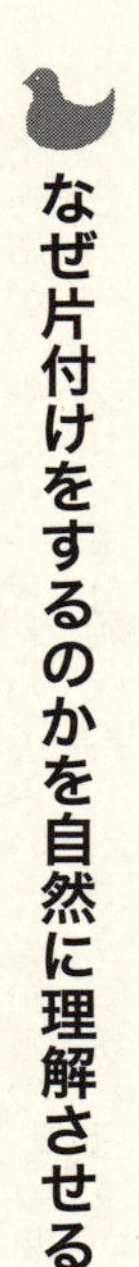

## なぜ片付けをするのかを自然に理解させる

小さな子どもに、使ったもの出したものを「すべて片付けなさい」ということにしていると、それは難しいことであったり、多すぎてそもそも片付ける気をなくしてしまうということもあります。

片付けというのは子どもにとってそんなに楽しいことではありません。それでもそれをするからには、なぜそれをするのかという理由を子ども自身がわかっていれば、それも受け入れていけるでしょう。

その子にもわかる理由・片付ける必然性というものを、大人は普段から伝えていく、もしくは生活の中で経験的に理解させていくようにするといいかもしれません。そのために、無理なくできることを習慣にしていきます。例えば、

**「ご飯にするからテーブルの上の紙とクレヨンをしまってね」**
**「通り道にはものを置きっぱなしにしない」**

**「本は床に置かない」**

など、部分的に片付ける習慣をつくっておいて、それができればよしという積み重ねをしていくといいと思います。するとそこには、子どもが自分でしたことを認められたという、良い関わりの経験が蓄積されていきます。

例えば、「読んだ本を本棚にしまうと、お母さんはいつもニコニコしてくれる」というような、「良いもの」としての経験です。

このような元になる経験を持てていると、子ども自身の能力が拡大していくにつれて、片付けなどを自分からできる範囲も自然と大きくなっていくことでしょう。

## 「できる」は「心の成長」が実を結んだもの

片付けについて少々書いてきましたが、「片付け」ということは子育ての中では結局のところ、枝葉に過ぎないことだと僕は考えています。

子育ての大きな幹のほうをしっかりと育てていれば、それを課題としてことさら取り上げて訓練をしなくても、自然と子どもの発達・成長を追ってだんだんと身についてくることのひとつなのです。

子どもは小さければ小さい子ほど、親との関係のあり方によって学びもし、身につけもしていきます。

なので、大人が「○○をさせなければならない」という先入観から、「できる」「させる」ばかりに気を取られてしまって、その親子の関係、つまり「良好な信頼関係」を損ねてしまうことは、とてももったいないことです。

「叱らなくていい子育て」ってどんなこと？ のところで、子どもの共感する力を使って大人と子どもの「心のパイプ」をつなげていくことが大切と述べました。

この片付けについてもやはり同様です。

**子どもの持つ「大人の気持ちに寄り添いたい」という心を大切に育んで、その結果、自分から片付けをしようとする気持ちが成長の期間を通して少しずつ大き**

**くなるようにしていけばいい**のです。

片付けのような、どちらかと言えば「したくないこと」を子どもにさせるには、そのような親子の信頼関係などからくる心の状態が密接に関わってきます。

例えば保育園で子どもを見ていても、母子関係がうまくいっておらず、いつも満たされていない気分を抱えている子に対して、いくら片付けの習慣をつけようとしても、まず身につくことはありません。

怒ったり叱ったりすることでそのときやらせることはできるかもしれませんが、それは結局その場だけのことなので、身についたというには程遠いものです。

それを保育士の立場からでもその子を受容し、とりあえず保育の場にいるときだけでも満たしてあげれば、その子と保育士とのあいだに良い信頼関係を築くことができます。そうすれば、その保育士の思いに寄り添おうとする気持ちができるので、片付けをするときには手伝ったり、自分でやろうとする良い姿をだんだんと見せようとしてきます。年齢が上がってしまえば、強制力をともなわなければ片付ける習慣がつかなくなる場合もあるかもしれませんが、乳幼児の成長段階にいるときならば、そのような良好な関係の中で自然と身につけられるようにしていくほうがはるかに良いでしょう。

**発達段階やさまざまなことを「させる」ことが可能になる前の段階がクリアされていない子に、「できる」「させる」を強く望んでいくことは子どもの姿をかえって難しいものにしてしまうことがあります。**

僕は子どもの成長というのは、大人の目に見えやすい「できる」ということよりも、心の成長こそメインであって、大人の目に見えやすいさまざまな「できる」と見える部分は、心の成長の結果として自然に身につけていくものだと感じています。

# すべては子どもを受け入れることから

これまで「子どもに寄り添ったあり方」や「親子間の良好な信頼関係」ということがたびたび出てきました。

これらを子育ての中できちんと作っていくためには、あるプロセスが重要になってきます。このプロセスというものは、これまでの子育ての中ではあまり明確に意識されることのなかったものです。

現代の子育てにおいて、このプロセスを知らないがために、子育てが大変難しくなっているケースというのが多々見受けられます。特に親子で離れて過ごす時間の多い保育園に通っている子どもなどでは、この問題が大きく現れています。

**そのプロセスというのは「受容」というもの**です。

「受容」というのはなんでしょう。それは字のごとく子どもを「受け止める」

「受け入れる」ということです。

## 子育ての一番最初にあるもの

人間の子どもというのは、他の生物に比べて圧倒的に未熟な状態で生まれてきます。それは大人の保護を前提として生まれてくるということです。

それゆえに**子どもには大人の保護を求める強い欲求というものがあります。**自分が十分に保護されていないと子どもが感じるとき、子どもは安心・安定した状態ではいられなくなります。

例えば赤ちゃんであれば、そのように感じていたら激しく泣いたり、大人を求めたりすることでしょう。

成長とともにそのようなものが減っていくとはいえ、乳幼児期を通してそういった保護を求める欲求というものが根底にあることは変わりません。

それらは実際にはさまざまな形をとって現れます。

一般に「甘え」として考えられているものや、親と一緒に過ごしたい、そばにいてほしい、親と一緒に遊びたいといった気持ちなどとして子どもから出てきます。

これらは誰しもが持つ自然な欲求です。それが出てくるのは当然のことであり、それが満たされていないとなんらかのネガティブな影響というものが出てきてしまいます。

そこで「受容」というプロセスをきちんと大人のほうが意識して、子どもに関わっていくことが必要になってきます。

これまでの子育てでは、この「受容」というものはあまり気にとめられていませんでした。

おそらくは、さほど意識をせずとも問題なく子育てが進んでいくような状況というものが、多くの人に当たり前にあったのでしょう。

しかしいまでは、核家族化、子育ての密室化（子どもに関わる人が母親だけという状況）、夫婦共働き、保育の長時間化、地域とのつながりの低下などなど、「受容」というものを意識しなくては済まなくなっている現実というものがあります。

例えば保育の長時間化ということだけをとって見てみても、毎日朝九時に登園して四時にお迎えが来る子と、朝七時の早番の時間から登園し夜七時の延長番まで毎日十二時間、園で過ごしている子を比べた場合、なんらかの育てにくさや難しい姿というものが出てくる割合は、明らかに保育時間の長い子どものほうが高まります。

僕も保育士ですから、保育園に預けることが悪いとは言いません。問題は、このような状況の子どもがもはや当たり前になっている現代で、これまでのように「受容」というプロセスに大人が無頓着でいたら、子どもはなかなかまっすぐには育たなくなっているということです。

ですから、かつてのように**大人が子育てにおいて意識する一番最初のものが「しつけ」のような子どもに正しい姿をさせることや、「勉強」させることだと考えていたら、それだけではうまくいかない**のです。

親は一生懸命に子育てに取り組んでいるのだけど、それは大変なばかりで少しも楽しそうではなく、子どももさまざまな不満をいろいろな形で出さずにはいられないという状況にある親子を、僕は保育園でたくさん見てきました。

現代には**いまの時代に合った新しい子育ての方法というのが必要**なのだと感じます。

そのもっとも重要なものがこの「受容」というプロセスなのです。

## 自己肯定感を育てる

「受け入れる」「受け止める」というと、「甘え」ということがそのひとつに浮かんでくると思います。

「甘え」を受け止めるというのも、もちろん「受容」です。

しかし、それだけが「受容」ではありません。

例えば、「かわいいねー」と子どものことを見ていて口に出したり、「大好きだよ」と伝えたり、子どもと過ごす時間を大切にして絵本を読んであげたり、こういうことも立派な「受容」なのです。

子どもはそれによって自分が大人に見守られている、受け入れられているという安心感をもらうことができます。

いま子育てにおいてだけでなく、大人についても「自己肯定感」というものがしばしば話題になります。子どもはこの受容されるという経験を通して、自分が肯定されているという実感を得ていくのです。

大人も自己肯定感の低さによってさまざまな生きにくさを感じることがあると言われますが、乳幼児であっても**自己肯定感の低さ**はさまざまな生育上の問題を生んでしまうものです。それが**親の目には、子どもの育てにくさとして映ります。**

逆に受容をきちんとされて**自己肯定感のある子どもは、自分の気持ちを臆せず出すことができたり、その自己肯定感が自分の自信となるのでなにかに取り組む際のモチベーションが高かったり、自分の成長にも前向きになることができま**

す。そのような状態になっていると概して**育てやすい子どもと感じられます。**

## 良い「甘え」を引き出すには

日本人の子育て観として根強いものに「子どもを甘やかしてはならない」というものがあります。

「甘えを受け止める」ことと「子どもを甘やかす」というのは、明確に違うことですが、いまひとつわかりにくい部分があって、どうも子どもが「甘えてくることも良くないのではないか」「いつまでも甘えてないで、自分でできるようにしなければならない」という漠然とした思いから、子どもの純粋な甘えまでを受け止めないという人も少なくありません。

そうかと思えば、甘えを受け止めることと甘やかすことの境目がわからずに、子どもを甘やかしてばかりになって、先々の子どもの姿を難しいものとしてしまっている人もいます。

「甘え」というものは、大人も気持ちよく受け止められる「素直な甘え」「かわいい甘え」として出させてあげる必要があるのです。

ここで多くの人が気づいていない大切なことを述べておこうと思います。「甘えを受け止める」ためには、大人がただ、子どもが甘えを出してくることを待っているだけではうまく機能しないのです（中には、その子どものもともとの性格がとても甘え上手で、大人が待っているだけでもうまくいくケースはありますが、全員がそうとは限りませんので、それを当てにしないほうがいいでしょう）。

生活のさまざまな場面や子どもとの関わりの中で、「あなたのことを受け止めますよ」という姿勢を大人のほうから示さないと、子どもは素直な甘えを出すことが難しくなってしまいます。僕はこれを「受容的態度」と呼んでいます。

この受容的態度を大人が示していかないと、子どもは自然な欲求である「甘え」を出したくても出すことができずに我慢してしまいます。

我慢するだけで済めばいいですが、たいていそうはいきません。それが溜まっていけば「満たされなさ」として鬱屈（うっくつ）し、さまざまな子どもの難しさとして表れてきてしまいます。

子どもは自我の発達や自立の進行とともに、「恥ずかしさ」という心が少しずつ成長してきます。それはまさに成長そのものなのでそれを感じることは悪いことではないのですが、一方で甘えを出すことを恥ずかしく感じるようになるので、「素直な甘え」を出すことを子どものほうからセーブしていってしまいます。

それは早いと一歳後半や二歳くらいから始まることもあります。でも、大人に受け止めてほしいという欲求がなくなるわけではありませんから、甘えを受け止めてほしいという気持ちは変わらず存在しています。

すると、その甘えの出し方がストレートな形ではなくなり、何か理由をつけてごねたり、大人を困らせるようなわがままとして出すようになります。**大人が受け入れにくいことを受け入れさせることで、自分を受け止めてもらっている実感を得ようという行動もあります**。当然このような子どもの行動は、大人からすると困った姿、関わりにくい姿です。

最近の親の対応で多いのは、こういうときにごまかしだとか、脅しや釣りを使ってその場を凌いでしまおうというものです。それでは根本的な子どもの気持ちは満たされませんので、難しさへの対応が先送りになってしまいます。
「恥ずかしさ」という子どもの成長面からでなくとも、大人が子どもに無関心だったり感情表現の乏しい人であったりすると、子どもはどのように自分の気持ちを出していけばいいのかわからなくなったり、その大人に受け入れてもらえることの自信が持てなかったりして、やはり「素直な甘え」の出し方を知らずに成長していくこととなってしまう場合もあります。

ですから、大人のほうから「あなたを受け止めますよ」という受容的態度を示して、子どもの素直でかわいい状態の甘えの形で引き出してあげることが大切です。

言ってみれば、子どもがごくごく小さいうちから「かわいらしい甘えの出し方」の練習をさせてしまうのです。

甘えの欲求をいちいちゴネとして出すようになってしまった子どもの対応とい

うのは、これは大人にとって大変です。でも、大人が「かわいいなー」と思えるかたちで出してくれるのであれば、ゴネで出されることとはずいぶんと違ってきます。

この子どもの「甘えたい」という欲求を、〝かわいい形〟で出せるようにするか、〝大人を困らせる形〟で出すようにするかという鍵は、実は大人が持っているのです。

例えば、有効なのは**大人が両手を広げて、子どもが走って大人のところに来たらぎゅっと抱きしめて抱っこしてあげるというような遊び**です。このような遊びは走れるようになってきた一歳児や二歳児は喜んでしてほしがりますね。

こんな遊びを日々しているとすると、子どもは自分のことを受け止めてくれるんだという安心感を持てます。普段から当たり前にそれがあると、そこに疑いを持つ必要はなくなっていきます。疑いを持つ必要がないというのは、気持ちに余裕があるということです。

大人が家事をしているとき、もし子どもが「だっこしてー」と大人の元に来たとしても、いまそれができない状態なので「ごめんね、いまは無理」と言ったとします。そうしても、その子はそこに気持ちの余裕があるので、その「無理」ということが比較的受け入れやすいのです。

しかし、普段そのような遊びや大人のほうから積極的に抱っこしてもらう経験などがない子は、いつでも抱っこしてもらえるのだという余裕がありませんから、「無理」と言われたときに激しくそこで抵抗を示さなければならなくなってしまいます。

また、大人がいま言われたら困るなというようなときにこそ、そのような要求をするようになってしまいます。例えば、両手に買い物袋を提(さ)げているようなときほど「だっこして!」と言うようになるし、子どもにとってはそれができないということが受け入れがたくて、さらに激しいゴネなどを示すようになるのです。

## かわいい甘えに変えてあげる

普段から受容的態度を意識していたとしても、前述のように成長とともに「甘え」を出すことそのものに子どもは自分から抵抗感を感じていくようになりますので、素直な甘えの出し方でなくかんしゃくであったり、わがままな要求であったり、ゴネという形で出してくることもあります。

そういうとき、真面目で一生懸命なお父さんお母さんは「頑張って」「無理をして」それを受けてしまったりします。

でも、それで受けていると、子どもは素直なかわいい甘えの出し方ではなく、そういったネガティブな出し方を学習していってしまいます。

こういうとき僕は**「ネガティブな出し方をかわいい出し方に変えさせてから受ける」**という対応をします。

子どもはしばしば激した感情で大人になにかを要求したり、大人がそれはしたくない、させたくないというようなことを要求してきたりします。そのような「大人のほうが心地よく受けられない甘え」はそのまま受けません。

よしんば大人のほうがそれを「頑張って」受けたとしても、それは大人が気持ちよくしていることではありませんので、子どももそれを感じ取って、結局それで満足することはありません。満足しないのにそういう出し方しか知らない子は、それをさらに重ねていかなくてはなりません、それでは大人は子どもの相手にくたくたになってしまいます。

そんなとき僕がよく使うのは**「素直に甘えなさい」**という言葉です。

**「理由をつけて泣かないで素直に甘えな」**
**「ごねて甘えないで、かわいく甘えましょう」**
**「かわいくダッコシテーって言ってごらん」など**

子どもが本当に感情的になっていたり、眠かったり疲れていたりで理性が働かなくなっているような状態では無理なこともありますが、そうでなければわりと通じるものです。子どもにしたって、素直に甘えて受け止めてもらえるならば、ゴネて出すよりもよっぽど心地いいものですから、互いにそれはいいことです。

もし子どもが強いかんしゃくやダダを出してくるようになってしまっていた

ら、そういうときは大人だって強く出ないと子どもには伝わらないこともあります。そういう場合は**「そんなイライラされても困る！」とはっきり言ってしまいます。**

その上で、**「ちゃんと受け止めてあげるから素直に甘えなさい」**ときっぱり毅然として伝えます。それでかんしゃくをやめて素直に甘えてきたらそれを受け止めてあげます。

そしてその切り替えられたことを認めてあげます。**「わかってくれてありがとね」「うん、そうやって素直なのが一番だよ」**そうすることで、子どもはネガティブな出し方から、受け入れやすい出し方にすることを実地で学んでいけます。

## 問題だった三歳児クラスが変わった！

「甘え」の事例を紹介しましょう。保育園のあるクラスは、保育時間が長かったり、親の関心が低い子がいたりで、全体的に大人への関わりが素直にできなくなっている子が多く、その前の二歳児のクラスのときから、「この子達は大変だ」

としきりに言われていました。三歳児クラスになり、さらに大人を困らせるような甘えの出し方、他児とのトラブルなども増えてきています。そこで、この「甘えのネガティブな出し方を受け止めず、素直な出し方にする」ということを、保育士で意識して取り組んでいきました。

この子どもたちは、素直に控えめに甘えを出していては受け止めてもらえないということをこれまでにたくさん経験してきてしまっていますから、かなりのダダやかんしゃく、どこかが痛いだとか、誰かが叩いただのと理由をつけて大人の関心を引き寄せようとするようになってしまっています。僕たちは最初の方はそれこそ怒るようにして、そのネガティブな出し方をきっぱり否定するところからスタートしなければなりませんでした。

でも、たとえ怒ってその「行為」を否定したとしても、その後に受容することを大人が保証しています。つまり受け止めることについて嘘を言っていないので、それを繰り返すことで大人への信頼感を回復していきました。

そして、その後の受け止めるという行為はその子個人を「肯定」することにつながるので、強くネガティブな甘えの出し方を否定しても、子どもにとっては自己肯定感を下げることにはなりません。

これをすることで、二ヶ月ほどで落ち着いたクラスに変わりました。

つまり、このクラスの子どもたちは、大人とお互い心地よく関わる方法を知らなかったために、適切な「受容」をしてもらうことができなくなっており、さまざまな大変さというものが出てしまっていたのでした。

## 子どものいいなりになってはいけない

「私は一生懸命子どもの相手をしている」と感じている親でも、実際には少しも子どもを受け止めていない人もいます。

それは例えば「いいなり」になることです。

子どもが何かを親に要求し親がそれに応える。ときには、親がしたくないこと、好ましくないこと、大変なことであっても「子どもが求めているから……」とその要求に応じてしまう。

大人と子どもの関わりがこういう形になってしまうと、大人のほうはそれこそ「めいっぱい子どものために関わっている」と感じているのに、実際子どもは満足せずに要求ばかりがエスカレートしていってしまいます。

**子どもが要求する　↓　大人がそれに応える**

この形は実はあまり子どもの満足度は高くありません。

**子どもは「大人のほうから」能動的に自分に感心を持ってもらったり、見てもらったりということを、本心から欲しています。**

子どもが要求を出して大人がそれに応えるという、大人のほうが後手に回った関係では、子どもはなかなか満たされません。

なので、大人のほうから示す「受容的態度」であったり、大人のほうから積極的に関わってくれるという関係が必要です。関わりのイニシアチブは大人が持っていることが大事なのですね。

そのため、この「いいなり」という関係では、いくら大人が頑張ったとしても子どものためにはならないのです。単なる「わがまま」を聞いているだけで、ただの甘やかしになってしまいかねません。また、人をいいなりにすることで自分を「満たす」ことの代わりとすることが、その子の主要な他者との関わり方として身についてしまうので、先々にも関わりにくい子どもとなっていきます。

「甘え」と「甘やかし」の簡単な見分け方ですが、大人も本心から気持ちよく受けられることならばそうそう「甘やかし」にはなりにくいですが、**大人が「イヤイヤ」「無理して」「本当はさせたくない」などと思いながら子どもの要求に応えたり、与えてしまうことは「甘やかし」になってしまう**でしょう。

大人がしたくないと思うことまで子どものためにする必要はないわけですね。「甘やかし」が受容になることもないわけではありませんが、「甘やかし」自体が子どもの育てにくい姿を作っていってしまいますので、「甘え」と「甘やかし」は、大人が区別をつけて関わっていくことが望ましいでしょう。

日本人は「甘えを出すことはよくない」ととらえている人が多いですが、甘えをいつまでも出さないようにするためにも、幼少期の「甘え」を受け止めるということは大切なのです。

子どもは甘えを出させないようにすることで甘えを出さなくなるのではなく、**幼少期に甘えが適切に受け入れられて、「自分はきちんと受け止めてもらった」という実感があって初めて前向きに成長を進めることができる**のです。

本来の人間の成長にとって必須の欲求である「大人に大切にされている・認められている実感」を感じるための「甘え」というものを最初から否定してしまうと、それは鬱屈した感情となって、子どもの人格形成に大きな影を落としてしまいます。

## その5 満たされた子どもは手がかからない

子どもはみなひとつの「容れ物」を持っています。

その大きさというのは、これはもう人それぞれなのです。

おそらく生まれつきと言っていいと思うのですが、人によりその「容れ物」は小さかったり、とても大きかったりします。

そしてどんな子も、この「容れ物」にたくさんのプラスのものを入れてからでなければ、マイナスのものは受け付けられないのです。

### プラスのものとマイナスのもの

では「プラスのもの」とはいったいなにか?

それは親に優しくしてもらったり大切にしてもらったり、温かい声がけや関わり、楽しいコミュニケーションやスキンシップをしてもらったり、食べ物を食べさせてもらったり、おっぱいをもらったり、「かわいい」「すごいね」「上手だね」などの自分を肯定してもらう言葉を言ってもらったり、抱きしめてもらったり、心の余裕を持って絵本を読んでもらったり、歌を歌ってもらったり一緒に遊んで楽しい時間を過ごしたり……などなどなど、そういった子どもとしてうれしい喜ばしい経験のことです。

「マイナスのもの」とはなんでしょう?

それは叱られることや怒られること。我慢すること。誰かに頼りたい気持ちを抑えて自分でそれをなしとげることや、誰かに自分のものを譲ってあげたり、苦手なこと・新しいことに挑戦してみたりなどなど、です。

## クッキーの缶をいっぱいにする

僕はこれをクッキーの缶でイメージしています。

子どもはみなそれぞれクッキーの缶を持って生まれてきます。その大きさは子どもによりバラバラです。それのサイズが小さい子もいれば大きい子もいます。

でも初めはみんな空っぽです。

その子を周りの大人がかわいがってくれたり、その子を見て微笑んでくれたり、寂しいときに側にいてくれたり、甘えたい気持ちを受け止めてくれたり、何かできたとき誇らしげにしていると褒めてくれたり、そういうことをひとつしてもらうと、子どもの持っているクッキーの缶にはそのたびごとにクッキーが一個貯まります。

それが缶の中にたくさんある子は、気持ちに余裕が持てて自然と笑顔になることも多いですし、なにかに取り組むのも前向きです。

少ない子はなかなか余裕が持てません。前に進むことにも自信が持てません。ですから、その他のことよりクッキーを貰う（もらう）ことについつい必死になってしまいます。

多い少ないといっても、純粋な数ではなくて缶の大きさに対しての割合です。

缶を振ってみると、もともと缶の小さい子は少しの量でもたくさん入っている手応えを感じられるでしょうし、缶が大きい子はたくさん入っていてすら心許(こころもと)なく感じてしまうこともあるでしょう。

つまり、ちょっとの大人からのプラスの関わりで缶が満たされてしまう子と、たくさんのプラスの関わりが必要な子がいるのです。もちろん中くらいの子も多いです。その缶の大きさは本当にその子が持って生まれたものでまちまちなのです。

それは個性ですから、小さいからいい、大きいから悪いというわけでもありません。そういうものなのです。

この缶にクッキーがいっぱいに入っている子は「満たされた」状態にあります。子どもらしく明るく無邪気で、なにかをするにも前向き、人の気持ちを考えてあげることができたり、優しくしてあげたりすることもできます。絵を描いたり、ダンスをして自分を表現したりすることにも臆せず取り組めます。集団で行動しなければならないときにも、自分を抑えて周りと足並みをそろえることもできます。もし、叱られたりしたときも、それが自分のために言われているということを理解することができ、それらを受け入れ反省することなどもしやすいのです。

クッキーの貯まっていない子は、そういったことを本人もしたいと思っていてすら、なかなかできないのです。

## クッキーが貯まってから子どもは前に進む

保育園には〇歳から六歳までの大勢の子どもたちがいます。

そのなかには大人から見て「手のかかる子」や「大人の言うことを聞かない子」「他児を叩く子」「噛み付きをする子」などもいます。

こういった子どもに対して世間では、特に年配の人などは「しつけがなっていない」ということをよく言います。さらには、それを改善するために「もっとしっかりしつけなさい」「しっかりと叱りなさい」「言葉で言ってわからないならば叩いてでも教えなさい」といったことを口にする人も少なくありません。

しかし、**これらの子どもにそのように厳しくすることで根本的に改善するということは、残念なことにほとんどありません。**それをして最大うまくいったところで、いまその問題にフタをして解決を先送りにするか、その厳しい人の前でだけその姿を出さなくさせるだけです。

これらの子どもの多くは（発達上の問題や、個性の問題を除いて）ここで言う「満たされなさ」が根っこにあるものか、親が「いいなり」や「甘やかし」などの不適切な受容の関わりになってしまっていることが原因となっています。

「満たされていない子」をさらに厳しく叱ったり、叩いたりしたらどうなるでしょう。その子はさらに「受け止めてもらえない」という思いを強くし、親や大人全般に対する信頼感を減少させていき、自分に対する肯定感・自信をどんどん失っていってしまいます。

幼少期のそういったあり方は、そのときのその子どもの問題行動をさらに強めてしまいかねないだけでなく、その子どもの人格形成や人生に大きな影響を与えてしまいます。例えば、「親や大人全般に対する信頼感の減少」ということは、思春期から青年期頃には「社会に対する信頼感の低さ」という形でのしかかってきます。これはいま大きな問題となっているニートやひきこもりということとも無関係ではないでしょう。

「子どもは叱られたり、怒られたりしてこそ、まっすぐに育つ」ということを強調する人もいます。確かに長い子育ての中にはそういうことが必要になる場面もあるでしょう。しかしそれは基礎的なところで「満たされて」いてこそ初めて健全に機能することです。「満たされていない」ことが原因で気になる行動が出ている子は、まだその段階には達していないのです。

僕は子どもの幼少期を通して、特に三歳くらいまでは、周りの大人からたくさんのクッキーをもらって、それを缶に貯めていく時期ではないかと考えています。

# 満たされた姿の子ども、満たされない姿の子ども

甘えを受け止めてもらったり、親の関心がきちんと自分に向けられているという積み重ねをたくさんすることで、子どもは「満たされた」状態になるということを前のところで述べました。

今度はより具体的な事例を通して、子どもたちの実際の満たされない姿や満たされた姿を見ていきたいと思います。

## 二歳児クラス　嚙み付きの事例　容れ物(クッキーの缶)の大きい子

僕が保育園の二歳児クラスを担当したときのことです。
その二歳児クラスに新入園で入ってきた女の子。早生まれで月齢が低く、とても幼い子でした。新入園説明会のときにその子もいたのですが、僕はてっきり入園する子の妹かなんかの一歳児なのかと思ったくらいです。

その子は入園後、たびたび他児への噛み付きが出るようになりました。

登園は早番の時間で八時前後、迎えはおばあちゃんに協力してもらっていて四時過ぎと保育時間は短いほうです。

でも、ほぼ毎日噛み付き行為が出るのです。

きちんと遊べるように遊びを教えて相手をしたり、たくさんかわいがって安心して過ごせるようにしました。しかし、それでも噛み付きがいつ出るかわからないので、こちらも絶えず緊張し、毎日午睡の時間になる頃にはもうぐったりでした。

しかしそれでも他の子のところにいったり、ほんのちょっとした一瞬で噛み付きって出てしまうのですよね。

なんとか噛み付きがなくなるよう試行錯誤するのですが、なかなかうまくいきませんでした。

同僚の保育士はベテランでしたが、昔式のきちんと叱る、しつけるタイプの保育だったので、いま思えばその子には逆効果になっていたようです。

家庭では家族やおじいちゃん、おばあちゃんにとてもかわいがられていて、満たされていないというタイプではありませんでした。

だから「なぜ、この子は噛み付きが出るのだろう?」と原因がわからないでいたのです。


いまならば、なぜかわかります。

ひとつにはまだ心が幼く、環境に適応できなかったということです。

それまで集団生活の経験もなく、家庭でとてもかわいがられ(ある意味甘やかされ)ていたので、他児との集団生活・大勢いる慣れない大人、といった環境に対する不安から噛み付き行為が出てしまっていたということ。

そしてもうひとつは、「容れ物(クッキーの缶)」が大きいタイプの子であったということです。

家庭でもかわいがられ、おじいちゃんおばあちゃんにもかわいがられ、保育園でも他の子に比べてははるかにたくさんの関わりをもらっているのに、それでもこの子の「容れ物」は満タンにならないほど大きいものであったということです。「容れ物」は大きいから良い、小さいから悪い、またはその逆といったことはありません。個性で、人それぞれ違った大きさの「容れ物」を持って生まれてくるというだけのことだと思います。

だからこの子に対しては、きちんと担当保育士（この場合僕でした）とのきずなを深め、安心して過ごせるようにしていきながら温かい関わりを続けていくことで満たして、安心感を持たせてあげれば、時間とともに改善していけたはずです。

しかし、僕も経験が少なく、同僚のベテラン保育士がするように、嚙み付きに対して叱ったりすることで対応していたため、逆に悪化させ長引かせてしまいました。

確かに嚙まれてしまった子もかわいそうだけど、嚙み付きが出るほど不安感を持って過ごしている子どももかわいそうなのですよね。

「大人の理屈」とか「正論」で子どもに対応してしまうと、加害者のほうを叱ったりしてしまうわけだけれども、それでは良い子育て・良い保育にはならなかったわけです。

いまではいい思い出なのですが、その子の登園拒否事件というのがありました。

クラス担任で打ち合わせをしているときに、その子の噛み付きが問題になり、「いつまでも保育士（僕のこと）に依存するばかりではダメだから、自立に向かえるように毅然とした態度で、あなただけを相手していられないってことをしっかり伝えなさい」と先輩保育士に僕が指導されました。

その子はなぜか僕に担当が決まる前から、僕のことが気に入ってくれたみたいで、その後もずっと僕にまとわりついていることが多かったからです。

それで、あるときその子に「僕は○○ちゃんだけの先生じゃないから、他の子のお世話もしなきゃいけないんだから、いまは離れていてね」というようなことを伝えたのです。

それからしばらく、なんとなくいつもの元気がないな～とは思っていたのだけど、ある日お母さんから相談を受けました。

お母さんの話によると、「もう先生（僕のこと）は○○の先生じゃないからだめなんだって、もういかない～」と家で泣いているとのこと。

さすがにそれを聞いて先輩保育士も含めて話し合いをし、この子には自立を促すより、まずきっちり関係を作ることのほうが重要だということになり、その後、関係を深めていくことで、嚙み付きの問題も徐々に終息に向かうのでした。

## 放任された子の事例　容れ物(クッキーの缶)の小さい子

さきほどの事例の子はたくさん受容してもなかなかクッキー缶が満タンになりにくい「容れ物」の大きいタイプの子でしたが、逆に「容れ物」が小さくできているのか、少しの受容でも安定の得られてしまうこんな子もいます。

ある女の子。乳幼児期を通して母親はかなり放任気味。

同居の祖父母がいるわけでもなく、父親も仕事が忙しくあまり子どもの相手もできない人であったので、日常的にほとんど受容するということが肩代わりできていた様子もない。母親自身も単に淡泊、ぶっきらぼうという性格的なレベルではなく、子どもへの関わりを極力避けているという様子。

しかし、その女の子は満たされない様子をほとんど見せず、安定して成長していくのでした。通常だとこのような養育姿勢では周囲に親の放任を補える人がいてすら、それでは足りず満たされないということがあっておかしくないようなケースでした。

この女の子はちょっと珍しいくらい、少しのクッキーでも満タンになってしまうタイプの子どもだったようです。


こういうのはレアケースだと思います。普通はどの子もある一定程度は、それなりの受容の積み重ねがなければ満たされた状態にはなりません。

もちろん満たされた状態になってからも受容ということは続けていく必要があります。

それによって自己肯定感を高めていったり、ものごとに取り組んでいくモチベーションが強化されていきますので、受容や、子どもに積極的に関わる姿勢を持つことで子どもを満たしていくというのは大切なことです。

## では、「満たされていない子ども」の姿とは？

最近では、「満たされない子ども」というのは年々増えてきているように感じます。保育園でも少なからず「行動の気になる子ども」がいます。

例えば、乱暴であったり、情緒が安定していなくて安心して日々の生活が送れなかったり、他児や大人に対して攻撃的な態度を示したり、他児の遊びを壊したり、相手の嫌がるちょっかいを出したり、もっとはっきり意地悪をしたり、大人を困らせる行動を慢性的に示していたり、大人が許容できない要求ばかりをしたり、なんでもないことで激した感情を示したり、なにかに取り組むのに自分に自信が持てずに萎縮した姿になってしまっていたり、嚙み付きやひっかきという行動になっていたり、指しゃぶり、自慰行為などのクセや、チックなどの身体に表れてくる症状などなど……。

子どもの姿というのはいろいろですから一概に言えるものではありませんが、

この「満たされなさ」というのがそういった子どもの背景にあることはとても多いのです。

そして、「満たされなさ」をもたらしているであろう原因もまたさまざまです。

たまたま親が仕事で多忙だったり、疲れているだけであったという一時的なものということもありますし、それこそネグレクトであったり虐待などの慢性的なものであることもあります。

他にも叱りすぎや過保護・過干渉、子どもへの関心の薄さといった養育態度ということもありますし、習い事や勉強などに駆り立てる親の過剰な期待ということもあります。

下に弟妹が生まれたことで上の子が満たされなく感じることや、成長期（イヤイヤ期）の子どもの姿や対応の難しさといった、成長上のことからくるものも少なくありません。

もっと直接的に親が意地悪な態度をとっていたり、過剰に「良い子」像や親が望む姿をエゴイスティックに子どもに押しつけていることから満たされなくなっているということもあります。

そのように、満たされなさゆえに出る子どもの姿というのもさまざまですし、その元になっているであろう原因も多岐にわたります。

満たされている子どもであっても「気になる姿」が出るということももちろんあります。しかし、**満たされていない子どもの問題は満たされている子どもの問題よりも根が深くなります。**

例えば、満たされた子が他児に意地悪をしたとしても、「それはすべきでない」と教えたり、それこそその子と信頼関係のできている大人が「叱る」という対応をしただけで改善されることもあるでしょう。

しかし、「満たされていない子」の場合は、なかなかそのように簡単にはいきません。叱ったり、ダメ出しをしたりなど否定的な対応を大人がとったとしても、その子の「満たされない気持ち」はそれをそのまま「大人が自分のためを思って言ってくれていること」とは受け取らせてくれないのです。

満たされない子に否定の関わりを積み重ねることは、問題をそうそう解決には導いてくれません。

否定的な関わりという「マイナスのもの」を心が受け入れるためには、その心がそれなりにでも満たされている必要があるのです。

## 満たされた子ほど人に優しくできる

再びクッキーの缶を例にこのことを考えてみたいと思います。

ある子どもが誰かにそのクッキーを「ちょうだい！」と言われたとします。どんな子だったらそのクッキーを分けられるでしょうか？

一　クッキーが少ししかない子でしょうか？
二　半分たまっている子？
三　満タンになっている子？
四　満タンよりたくさんもらっていて缶からあふれている子？

他者にあげられるとしたら一よりも二の子、二よりも三の子、そして一番分けてあげやすいのは当然四の子ですよね。

友達に物を貸してあげられたり、優しさを表したり親切にできるためには、そういうことを可能にするだけの対人関係の発達はもちろんですが、そこにさらに心の余裕というものが必要になってきます。大人だって自分に余裕のないときはなかなか他者のための行動をとったりはできにくいものですよね。

また、親の注意を受け入れられたり、話を聞いて自分の過ちを認めたりすることも、心の余裕がないと簡単にはできないことなので、このクッキーをあげることと同様のことが必要なのです。

乳幼児にとって、この「満たされている」ということは、そのような対人関係だけでなく、それはもうすべての行動に関わってきます。遊びから生活面までさまざまな影響が如実に表れてきます。

満たされていない＝心に余裕がないという状態なので、大人の指示に従ったりすることも苦手になっていきます。また、友達と関わることができず、集団での遊びなどに入れなくなってしまうというタイプの子もいます。

満たされていない子は昼寝などにもすんなりは入れません。乳幼児では着替えや排泄などの生活のリズムの切れ目において、満たされている子でもなかなか切り替えができにくいものですが、満たされていない子はさらにすんなりいかず、遊びを切り上げて外から帰るとか着替えをするとか、そんな些細なことでも激しくゴネたりします。

おそらくはそうやってゴネを出すことが、受け入れてほしいという気持ちの表れなのでしょうね。

しかし悲しいことに、満たされていない子ほど、大人から満たされる行為を引き出すことは難しくなってしまうのです。

**「ただちょっとかわいがってもらいたい」。それだけなのだけど、甘え方がわからなかったり、自分から甘えにいけるほどの余裕もないので、ゴネて大人を困らせたり、感情をむきだしにして噛み付いたり、泣き喚（わめ）いたりという行為にいって**

**しまいがち**です。

三歳くらいまでの子だと、そうやってダダをこねたりグズったりすることで良い関わりを大人から引き出そうとするのだけれども、それ以上の年齢になっていくと、だんだんそれができなくなってしまいます。大人に不信感を持ってしまったり、最初から良い関わりをもらうことをあきらめてしまったりします。今度は良い関わりを求めることよりも、別のことで心の満たされない隙間を埋め合わせようとしていくこともあります。

それは例えば「意地悪」です。人を思い通りに動かしたり、人の感情をもてあそぶことは、いいか悪いかを抜きにしたら、これはとてつもなく面白い行為なのでしょうね。乳児期からの満たされなさをずっと抱えてきたまま幼児になった子どもが、四～五歳になって他者に意地悪なことをするようになってしまうのを少なからず見かけます。

悲しいことですが、そもそも満たされない気持ちがあってやっていることなので、それらは善悪を教えたところでそうそう改善できるものでもないんですよね。

そういうことをして大人が怒ったりするのを知れば、今度は大人の見ていないところで巧妙にするようになったり、マイナスの関わりをされることで余計に満たされなさが募ってさらに意地悪がエスカレートしたりします。

これらの子どもには、そのような問題行動が出てからの対応だけを厳しくするのではなく、普段から大人とのあいだに「受容」や「共感」「認める」「褒める」「肯定する」などの良い関わりを重ねて信頼関係を構築し、その上で意地悪な行動などが出たときには、「罪を憎んで人を憎まず」の精神で**意地悪な行為は否定してもその子自身は否定しない方向で根気よく関わっていってあげる**必要があります。

それをせず、その子をただ否定していくだけでは、その子を追い詰めていってしまうことになりかねません。

まずは「容れ物」にクッキーを貯めることを意識して、マイナスのものも受け入れられる下地を意図的に作っていかねばならないのです。

同時に、その大人から「叱る」などの「クッキーを消費する関わり」＝「マイナスの関わり」をされても、それがそのまま「自己否定」にならないだけの信頼関係を築いていかなければなりません。

## 満たされた子はどんな姿を見せてくれるか

僕は大勢の「満たされなさ」を抱えた子どもを見てきましたので、つい子どもの満たされない姿というのを先に述べてしまいました。しかし本当は「受容」などの子どもを満たすプロセスをきちんと大人が意識して、小さいうち、それこそ〇歳のときからコツコツと、少しずつでもいいから「容れ物」にクッキーを貯める子育てをしていければ、それが一番なのです。

それでも成長の過程や、なんらかのことで一時的に満たされなくなったりする姿が出ることは、誰しも普通にあることです。そういうときでもそれまでのコツコツした積み重ねがあれば、また満タンにしてあげることはそう難しいことではありません。

満たされた状態の子どもは、子どもらしい素直でかわいらしい姿を見せてくれますし、大人からして関わりやすい、育てやすいという状態でいてくれます。

満たされた子どもがどういう姿を見せていくかというのを、少し具体的な例をあげていきたいと思います。

ただ、子どもの個性もありますので、必ずしもみんながみんな、「満たされる」ということだけでこのようになるわけではありません。「満たされる」ということが、こういった姿を表してくることの根っこにはありますよというお話です。

また、大人が意図的にこういう姿を作るために「満たしていこう」というような子どもへの関わり方になってしまうのも、大人の作為が入り込んでしまって、子どもが本当の意味で「満たされる」ことにならない場合もあります。ですので、こういった姿は意図して作り出そうとするものではなく、「満たされる」ということの結果として、あとから自然についてくることの一例とお考えください。

満たされた子どもの姿①

・ぬいぐるみや人形などを生きているかのように大事にし、かわいがります一歳くらいの子でもすでにかわいいかわいいとなでたり、キスしたり、トントンして寝かしつけたりの姿を見せてくれます。

いかにも子どもらしい姿ですね。満たされている子はこういったことを自然とします。それもそのはずで、そういった行為は自分が普段、大好きな大人からしてもらっているのですからね。

満たされた子どもの姿②

・物に愛着を持って大事にしたり、大切に扱うという姿も見られます

「子どもだから物の扱いがぞんざいなのが当たり前」ではないんです。きちんと満たされていて、そこにプラス「大人が物を大切にあつかう姿」を見せたり一緒にしていることで、子どもでもできることなんですね。

満たされた子どもの姿③

・物の貸し借りをする姿も見られるようになってきます

公園などにいる親子を見ていると、自分の子どもに無理やり「貸させている」

姿をよく見かけるので、「いやー、貸したくないっていう気持ちも尊重してあげようよ」とはいつも思うのですが、子どもの気持ちをしっかり満たし続けていってあげれば、その心の余裕から、いずれ友達と遊ぶことができるようになる年齢（およそ三歳くらいが目安でしょうか）になってくれれば、そのときには自発的に物を貸すという姿が出てくるようになるでしょう。

満たされた子どもの姿④

・よく笑う、よくしゃべる

満たされている子は、自分というものをたくさん受け止めてもらってきた子なので、自分のとったなんらかのアクションを誰かが好意的に受け止めてくれるものだと、自然と感じています。そのため、笑ったりお話をしたりということにためらいがありません。

これが逆に受け止めてもらうことそのものの経験のとぼしい子、自分のとったアクションに対して好意的に受け止めてもらうことが少なかった子などは、だんだんと自分から表現をしないほうへと育っていってしまうことがあります。

満たされた子どもの姿⑤

・じっくり遊べる

満たされている子はそうでない子に比べて、遊びに取り組める時間も長く、遊びの質も高くなります。

はるかに月齢が高いのに満たされていない子が、おもちゃを溜め込むだけできちんと遊べていないのに、月齢の低い子がじっくりひとつの遊具で遊び込めているなんてことはよくあります。

満たされた子どもの姿⑥

・絵本などがよく楽しめる。またその絵本に愛着を持てる

満たされている子は気持ちに余裕があるので、心に訴える部分がより響いて伝わります。悲しいお話なら自分もほんとに悲しくなるし、楽しいお話ならそれで自分も楽しい気分になっています。それだけ深く物語に没入しているのでしょう。

逆に満たされていない子は、にぎやかにして楽しむ部分はさして変わりないのですが、悲しくて心の機微に訴えるようなお話はなかなか伝わりにくいようです。

満たされた子どもの姿⑦
・他者に優しくできる
親が温かい優しい関わりを積み重ねてきてくれたからこそ満たされているわけですから、そんな子は当然人に優しくできるわけですよね。

満たされた子どもの姿⑧
・話を聞くことができる。言われたことに素直に従える
満たされる過程で大人との信頼感も形成されていますし、自分を受け止めてもらう経験をたくさん積み重ねています。他者の話を聞いたり受け止めるということは、まずは自分がそういった受け止めるという経験をふんだんにしていてこそできるものです。

もちろん満たされている子であっても「成長期」（イヤイヤ期）なんかはありますから、すんなりといかないこともあります。そんなときは「やだやだ」ばかりになって、満たされている子でも従えないというときはあります。

でも、きちんと満たされている子ならば、それを乗り越えていくことが、満たされていない子よりもずっと容易でしょう。

満たされた子どもの姿⑨

・食事の良い習慣がつく

満たされていない子はさまざまなところで要求を出して、自分を親に受け入れてもらおうとします。

多くの親が（それこそ普段あまり子どもを受け止めようとしない人でも）食べ物を食べてくれなかったりすることでは心配するので、子どもは食事の場面で自分に注意を向けてもらおうという行動をとります。

満たされていない子には偏食が多かったり、食事のときに立ち歩いたりといった、食事の習慣が身についていない傾向があります。

逆に満たされた子であると、親の「これもしっかり食べてほしい」という気持ちもきちんと受け止めてくれるので、比較的に好き嫌いをなくすなどの食習慣の形成の面もしっかりとできていきやすいのです。

満たされた子どもの姿⑩

・甘えられる

このことはとてもとても大事なことです。満たされている子は素直に甘えられます。性格であまりそういうのを出さなかったり、家庭でしっかり甘えてきているので他所(よそ)では出さないといったタイプの子もいますが、満たされている子は大人も心地よく受け入れられる形で甘えを出すことができます。

満たされていない子は、大人がそういう受容をしてきてくれなかった結果であることが多いので、素直なかわいい甘え方を知らない、できないことがあります。そのため、大人に受け入れてもらおうとする行動がネガティブな形で出がちです。

つまり、甘えをうまく大人に出せないのでぐずりとなってしまったり、代わりに怒られるようなことをして大人に目を向けてもらおうとしたり、わがままやダダをこねたりして受容してもらうことを求めてきます。

しかし、たいていはそういう姿を出せば叱られたり怒られたり、無視されたりと、到底子どもが本当に求めている「親からの受容」は引き出せません。もともとその親が受容的でないから満たされなくなったケースであれば、それはなおさらです。ここに「満たされない子の悪循環」ができてしまいます。

満たされない子はさらに満たされない方向へ、満たされている子はさらに満たされる方向へと行きやすいのです。

以上のように「満たされている」ことが引き出していく子どもの姿を一部あげてみましたが、この「満たされている」ということは、それはもう子どものすべての成長の前提条件といっても過言ではありません。

**まだ少しも満たされていない子に対して、理想像を押しつける「しつけ」を徹底していったり、習い事や早期教育を過剰にほどこしたり、外見だけを飾り立てるようなことを親が好んでしたり、そのようにして伸び悩んでいったり、自己肯定感を持てずに押しつぶされていった子どもたちを大勢見てきました。**

親のエゴから、子どもが満たされることなく、だんだん意地悪になっていく姿をリアルタイムで見せられてしまうこともあります。保育士をしていてこんなにつらいことはありません。

「満たされること」は人格形成にも関わってくるし、幼少期だけでなくその後も大きな影響を残します。

**これを読んで、自分の子は満たされていないのではないかと思う人がいるかもしれません。それならこれから満たせばいいんです。遅すぎるということはありません。**

また、一生懸命満たす関わりをしているのに、我が子はちっとも満たされているように思えないという人もいるかもしれません。きっとその子は「容れ物（クッキーの缶）」が大きいんですよ。長い目で見て、子育てを投げないでじっくり関わっていってあげましょう。たくさんもらった分、きっと人一倍優しさを持った子に育ちますよ。

日本の子育てには明確な「受容」というプロセスが存在していないので、子どもが満たされているかどうかはあまり意識されることがありません。

子どもの相手がたまたまうまい親であったり、子どもが好きという人、子どもと関わった経験や知識というものがそれなりにあったり、子育てをサポートしてくれる人に恵まれていたり、時間的、経済的余裕が豊富にあったり、その子のもともとの性格が穏やかで関わりやすい子どもだったりして、「たまたま」子どもが満たされるかどうかに頼って子育てというものをしています。

**変な話ですが、子育ての一番基礎の部分が「運任せ」だったのです。これでは子育てを難しく感じる人が多くなってしまうのも避けられません。**

子どもは満たされた状態があって初めて笑顔で前向きに成長できるし、大きくなってからも、満たされた経験があるからこそ、自分に自信を持って様々なことに取り組んでいけるということを、どうか覚えておいてください。

## その7 難しくなってしまった子育てを安定化させていく方法

これまでのところで、子どもを受容したり肯定する関わりのプロセスを積み重ねていくことで、「満たされた状態」を引き出し、安定した子育てができるとご説明しました。それらをまとめて一口で言ってしまえば**「かわいい子ども」を目指す**ということです。

子どもに「できる姿」や「良い子」「しつけ」を求めるあまり、過保護や過干渉で「子どもの姿を無理やり作り出してしまうこと」には注意したほうがいいこと。また、それらの子どもの「できる」といった到達点は、子どもに「させる」のではなく「満たされた状態」や「信頼関係」を基盤とした「子どもが大人に寄り添った状態」によって、子ども自身の力を伸ばして達すべきものだと述べてきました。

子どもの個性や、大人の個性、その置かれた環境などさまざまですから一概に言えるものではありませんが、子どもがすでに手に負えなくなってしまっているという人以外でしたら、これらの点に気をつけていくことで、無理のない子育てが比較的しやすいのではないかと思います。

しかし、現に子育てに難しさを感じて日々悩んでいる人がたくさんいることも知っています。僕はそうなってしまっている人たちにも、できるだけ子育てをいいものと思ってもらえるよう、力になりたいと考えています。

この項からは、そのような難しくなってしまった子育てを、安定化し楽しいものとしていけるような、具体的な関わり方を見ていきます。もちろんその知識は、現に子育てが難しくなっている人でなくとも役に立つことがあると思います。

## 男児の事例（一歳十一ヶ月）「子どもが手に負えない」

ここでまず事例を紹介します。

おそらくこの事例と同じような状態になってしまっている人、この状態で乳幼児期を過ごしてしまい、子育てにほとほと疲れてしまったという人は、いまの日本にとても多いことと思われます。

男の子、兄弟関係はなし。母親は専業主婦、父親は仕事が多忙で出張なども多く、ほとんど子育てに関わることはできない状況。祖父母も遠方なので、日常において子育てを手助けしてくれる人はいない。

母親は初めての子育てで、それまで子どもと関わった経験もなく「自分にうまく子育てができるだろうか」という不安を最初から抱えていた。一方で、他に頼れる人もいない状況でなんとかうまく、より良い子育てをしなければと真剣に考えている。また、いたって真面目な性格で几帳面なところもある。

〇歳のまだお座り、ハイハイの頃は、多少の夜泣きや夜間の授乳からくる睡眠不足など以外はそれほど大変さを感じていなかったが、自分で歩き、走るようになった一歳前後から、しばしば子どもに関わるときの大変さを感じるようになり始める。

モノやおもちゃを投げてしまうことや、公園などで他児のおもちゃを取ってしまったり、砂を投げてしまったり、また公園の外に走って行こうとしたり、道路でも手をつなごうとせず振り切って先に行ってしまったり、「まだ帰りたくない」という意味のダダでの激しい泣き、買い物先のスーパーなどでのゴネなど、ひんぱんに母親の思った通りにならない行動が増えてくる。

その母親は几帳面なところのある性格だったので、それらの行動いちいちに「ダメでしょ」といった制止や、「○○しなさい」というような過干渉をたくさんしてしまっていた。

それでも子どもが思うような姿にならないので、キャラクターの人形でごまかしてゴネないほうへと気を惹こうとしたり、食べ物で釣って誘導しようとしたり、「おばけがくるよ」ということで脅して思い通りの行動をとらせようと四苦八苦する。しかし、それらの対応も毎回うまくいくわけではないので、できるだけ子どもがゴネるようなことをするところは避けたり、子どもがかんしゃくを起こさないようにとあらかじめご機嫌をうかがうような関わり方が多くなってくる。

またゴネる子どもを無理やり抱え上げて運んだり、勝手なところに行かないようにベビーカーのベルトを強く締めて乗せるようにしたりということもするようになった（ベルトが緩いとそれを抜けてベビーカーの上に立ち上がり、母親が何度言ってもそれをやめさせることができないということがあったため）。

家庭内では、食事のたびに席を立って歩き回り、その後をスプーンに食べ物をのせて母親が追いかけて食べさせるというような状態が毎日のことになる。歯磨きや、お風呂に入るときなども、それと同じように追いかけて、子どもを捕まえては無理やりさせるというようなことが習慣になってしまっていた。

母親としてはこれ以上ないほどに子どもにつきあって、世話をしているつもりなのだが、少しも子どもの姿が落ち着いたものとはならない。むしろ、ちょっとしたことでも激しいかんしゃくを爆発させてモノを投げてぶつけたり、母親を叩いたり爪でひっかくことや噛み付く姿が出てくる。また、子ども自身が自分の腕や頬にも爪を立てて、血がにじむほどにひっかいてしまう。

やがて母親はどうにも子どもに対処できなくなって、子どもがそういったネガティブな行動をとってしまったときに「無視」をするようになる。しかし、その頃からさらに、感情を爆発させることや自分をひっかいたりする自傷行為が激しくなる。

公園や児童館に遊びに行っても帰り際に毎回激しくゴネたり、他の子どものおもちゃを取ったり、砂をかけたり、突き飛ばしたりという行動がある。手に負えない子どもを押さえることにも疲れてしまい、また周囲から冷たく見られているような気になり、行くこと自体を避けるようになってきてしまった。

このような事例です。

こういった事例はこれだけでなく、程度の差こそあれ同じような悩みを大勢の人から聞いています。現代の子育てのおちいりやすい典型的な姿のひとつと言ってもいいかもしれません。

この事例の大きな問題点は、ずばり「過干渉」と「受容不足」です。

多くのお母さんが、子どもに正しい行動を身につけさせなければと、「○○すべき」「○○すべきでない」といったたくさんの過干渉を子どもにしてしまいます。真面目な人、子育てに一生懸命な人ほど、その過干渉は度合いが高まってしまいます。

その一方で、「子どもにどうやって関わったらいいかわからない」という心配や、「子育てを失敗してはいけない」というような意識から、子どもが困った行動をしていても自信を持って臨むことができません。

「怒ったりすることはよくないのではないか」というような意識から、子どもに強くでるよりも、子どものいいなりになってしまったり、子どものご機嫌取りをしたり、ごまかしたり、あらかじめ波風を立たせないような状況ばかりを選ぶようにもなってしまいます。

例えばこのような人も多いです。

公園では「それは触っちゃいけない」「そっちにいったらあぶない」「そのおもちゃは人のだから取っちゃいけない」「仲良く遊びなさい」「砂は投げない」というような、たくさんのダメ出しなどの過干渉をしています。しかも、子どもの困った行動をさせないようにとばかり、ほんのちょっとしたことでも先回りして口うるさく言うような習慣が母親にもついてしまっています。

母親はできれば公園に行きたくないと思ってしまっているのだけど、家の中にいても子どもの行動は激しくなってくるし、子どものためにも外で遊ばせなければと考えているので、なんとか頑張ってできるだけ戸外に連れて行っています。しかし、気持ちに余裕がないので、外出中も笑顔などなく家庭にいるとき以上に憮然(ぶぜん)とした表情になってしまっています。ですが、自分ではそれに気がついていません。

家の中では食事のときなどに「食事中は立って歩かない」と毅然と伝えることができずに、走り回る子どものあとを追いかけるような「いいなり」な状態になってしまっています。ときどき母親が感情的になって、そういう場面で激しく怒ることもありますが、受容不足ということがあるので、子どもが怒られたことで激しく泣くだけで、身につくところまではいきません。そのうち、母親が怒るとその母親を子どもが叩いてきたり、モノを投げるなどの困った行為、激しく壁に自分の頭をぶつけたりという自傷行為が出てしまうこともあります。

そのような生活の中では、子どもを褒めたり、優しく温かくかわいがったりといった関わりは、ほとんど持てていません。

母親は毎日へとへとになるまで子どもと接しているのに、少しも子どもが「満たされる」という関わりは持てていないのです。

子どもは満たされていないのでネガティブ行動がたくさん出てきます。母親があえて困るようなことばかりをして気を惹こうとするのです。

机の上に登っては抱きかかえられて下ろされたり、しかもそれを何度も繰り返します。食べ物を投げては「投げちゃダメ」と言われるのだけど、かえってそれをニヤリと笑って繰り返したり、などなど。

このような生活が長期にわたって続くと、母親は育児に疲れ切ってしまいます。精神的にもいっぱいいっぱいで、感情的に怒ったり、怒鳴ったり、無視したりということも多くなってしまいます。

## 子育てをあきらめないで

子育てがこのような状態になってしまうと、当然ながら育児はこの上なく困難なものになります。

**「子どもはできれば見たくない」**
**「子育てするより仕事をしているほうがいい」**
**「子どもなんか一人で十分」**
**「子どもはうざい、むかつく」**

そのような気持ちになってしまったお母さん、実際にそれらのことを口にするようになってしまったお母さんをたくさん知っています。

中には元々の気質や発達上の問題があって、誰がしたのでもなく、先の例のような難しい姿になってしまう子どももいます。それはひとりひとりの個性の問題ですから、それを踏まえて対処していってあげればいいのですが、この事例のように、親の関わり方ゆえに子どもの難しい姿が作り出されてしまうのは、適切な関わり方さえ知っていれば避けることや改善ができる問題です。

僕は保育士をしていて、このように「子どもはうんざり」のところまで親がいってしまい、子どもを見るくらいならば預けて仕事でもしたほうがいいという状態になって入園してくる子どもを山ほど見てきました。そのような子はすでに○歳児からいます。

**これらの子どもは、自分の親から「ほんの少しの温かい関わりがもらいたい」という気持ちを持ってたくさんのサインを出しています。**ですが、それらの出し方のほとんどは、大人が好ましく受け取れないものです。そこには子どもらしい素直なかわいらしさというものもありません。

でも、それは水中の酸素が足りなくなった金魚が水面の空気を吸いに来るような、必死にあっぷあっぷしている健気(けなげ)な姿なのです。

これらの子どもの多くは、あとあとまでこの幼少期の満たされなさを引きずったまま大きくなってしまいます。もちろん、保育園時代からさまざまな気になる行動を示していますが、小学生になってから問題が出る子や思春期になってから出る子、大人になってまで引きずっている子だっています。

どこか途中で大人がそのサインに気がついて、少しでも関わり方の方向性を変えてあげたり、祖父母や友達・先生などの子どもの周囲の人間関係に助けられてなんとかバランスを保って、あまり問題とならずに育っていけるという子もいます。

さきほどの事例では「過干渉」と「受容不足」が両輪となって、子育てを大変な方へと進ませてしまっています。

親のする過干渉が子どもの受容不足を生み、その受容不足が親がダメ出ししなければならないネガティブ行動を生み、それをまた親が押さえつけ、それが子どものの自己肯定感を損ない、さらに受容不足へという際限のないスパイラルにおちいってしまっています。

人は自分の手に負えない状況でどうにもこうにもお手上げになってしまうと、それを見ないで済むような状態に逃げたり、責任転嫁する理由をどこからか見つけてきて、その状態を投げ出してしまいたくなることもあります。

でもどうか待ってください。子育てに関しては、僕はこの状態を脱して安定化させ、「子育ては楽しい」「子どもはかわいい」「子どもがいて良かった」と再び思えるようにできる方法を知っています。

子育てがうまくいっていると感じるとき、その人の人生はより一層豊かなものとなっていくことでしょう。

## その8 子育てを好転させるための具体策

子育てが難しく感じる悪循環にはまってしまっていると、そこから抜け出すのは容易ではありません。でも、大人のほうがただ待っていても、それが解決するということはそうそうありません。どこかで大人から、この悪循環の連鎖を断ち切る行動を起こさない限り、たいていずるずるとその状態が続いてしまうものです。

僕はこのようなときのまず最初にとるべき対応として、「先回りした関わり」ということをお伝えしています。

では「先回りした関わり」とはなんでしょう?

幼少期の子どもがネガティブ行動を出す目的は、

・大人に自分を好意的に受け止めてもらいたい
・大人からの積極的な温かい関わりをもらいたい

ということです。しかし残念なことに、ネガティブ行動を出してその目的が達成されることはほとんどありません。これまでにも述べたように、大人はこういうものをダメ出ししたり、すべきでないと注意することで押さえなければならないと考えているからです。

ですので、子どもからの行動待ちでは、いつまでたっても良い関わりの積み重ねに変えてあげることはできないのです。

にもかかわらず、ネガティブ行動を出すと大人が自分に向いてくれるというのを学習してしまうので、子どもはネガティブ行動で大人と関わることが習慣化していきます。そうなると、大人は大変さばかりが募り、子どもは満たされなさが助長されるので、これも悪循環です。

ですから、**子どもの「ネガティブ行動」に「先回り」して「良い関わり」を大**

**人のほうからしてあげることが必要になってきます。**

子どもがネガティブ行動を出してしまってからでは遅いのです。子どもも大人のほうも両者が気持ちよく関われるときに、大人のほうから「積極的」に子どもに良い関わりを示すことで、初めて子どもの「満たされる」感覚は貯まる方向へ進みます。

## 子育てが好転するとっておきの方法

では、具体的にはどんなことをすればいいでしょうか。

僕はまず「くすぐり」をどんな人にも勧めています。

**「くすぐり」はもっとも簡単で時間も取らず、誰にでもでき、そして子どもが満たされているという実感も得やすい最高の関わりです。**

大人も子どももお互いに気持ちにも時間にも余裕のあるときに、「くすぐり遊び」として大人のほうも楽しい気持ちで関わってあげます。くすぐりという皮膚感覚に訴えるスキンシップ、自分に一対一で向き合ってくれる満足感、大人のほうから能動的に関わってくれることで親が自分に注目してくれるという実感、笑顔で笑い合ったりして楽しい時間を共有できるという共感性。「くすぐり遊び」にはこのような、子どもが必要としていることが凝縮して詰まっています。そして、そうそう時間を取ることでもないので、大人がその気になりさえすれば簡単にできます。子どもの相手が苦手な人であっても、なんの技術もいりませんので難しいことではないはずです。

子どもが手に負えなくなっていて子育てに悩んでいる人たちは、「怒ったり叱ったり、感情的になってしまうことがよくないだろうから、それをやめなければ」とマイナスの関わりを減らすことを考えてしまう人も多いようです。

それが可能ならばそれでもいいのですが、子どもにプラスの貯金が貯まるまでは、そういうことをやめたからといって、それだけで望ましい姿が出てくるというものでもありませんので、そうそう子どもの姿は変わりません。すると、そこには大人のほうの我慢・イライラばかりが溜まってしまいます。それでは子どもと心地よく過ごす時間を持つことはできませんので、この「マイナスの関わりを減らそう」という試み、それだけでは改善できるものではないのです。

叱ったり、怒ったりを無理に無理を重ねて減らそうという努力をするよりも、その分の関わりのパワーを、くすぐりのような、簡単だけれどもプラスの積み重ねに使っていくほうが、スムーズにいきやすいことと思います。

それこそ**叱ったり、怒ったりはそのままでもいいですから、できるときにだけでも「くすぐり」をして親子で笑い合える、楽しめる時間を作っていきます。**そのことは子どもの「満たされる」感覚を貯めたり、心の余裕、大人への信頼感を生むので、そもそもの困らせる行動が減ったり、難しい姿が出たときの対応が楽なものへと、少しずつかもしれませんが、だんだんと変わっていく方向に進めます。

できたらその「くすぐり」は日課のようにしていけるとさらに効果的です。

食事の後ののんびりした時間に毎日くすぐりをする時間を設けるとか、保育園から帰ってきたらくすぐりタイム、お風呂のあとやパジャマに着替えたあとなどと、毎日そこでお母さんが向き合ってくれるんだということがわかっていると、安心感をもって一日を過ごしやすくなります。ちょっとの時間でできることですから、一日に何回したっていいことです。

ただ、否定的な過干渉の積み重ねが長い間続いていたり、親への信頼感、子ども自身の自己肯定感がとても低くなっていたりする場合は、最初から思うような反応というのは返ってこないこともあります。

子どもをくすぐっても、笑いもしなければ楽しそうでもないのです。そういうケースでも、あきらめずにくすぐる機会を作り続けていくといいと思います。そのようなときは、目に見える変化が出るまで時間がかかってしまうということがあるからです。

そのとき、子どもの反応がないからといって無表情になったり、イヤイヤ、義務でするようであれば効果はないですよ。大人が積極的にこころよく関わるという事実があってこそ、それが「先回りした関わり」として生きてくるのです。

ただし、ときどきですが、皮膚感覚の接触が苦手な個性を持っていたり、時期的なものでそれが心地よく感じられないという状態にあることもあります。そういう子どもの場合は、くすぐりでなく、その子にあった別の方法で関わることでもかまいません。

## 「くすぐり」は「演技」でも、子どもの姿を改善する突破口になる

よしんば「くすぐり」は嘘や演技だったとしても、親子関係の改善、子どもの姿の安定化に効果を発揮することもあります。

大勢の親子の中にはこんな方もいます。

「下の子はいいのだけれども、上の子はどうしてもかわいがることができません」

「娘とは反りが合わないというか、どうにもやることなすこと悪いほうへととってしまったり、厳しく関わってしまいがちです」

誰が悪いのでもなく人間ですから、こういうことも起こりえます。

このようなケースでは、どうしたってその子は十分に満たされていませんから、満たされなさゆえのネガティブ行動が出ています。親も子どもの難しい姿に疲れてしまっています。

子どもと合わないからと、それをそのままにしてしまっては、子育ては先に進むほど大変さを増していきます。できるならば、子どもが小さいうちに少しでもここに手当ができるといいのです。

そんなとき、「演技でいいから、作り笑いでいいから毎日朝晩と、あと時間の余裕のあるときにくすぐりをしてみてください。だまされたと思ってそれだけでも続けてください」とお願いします。

最初は半信半疑、ぎこちない笑顔でくすぐりをしてみて子どもからの反応も芳しくないのだけど、一週間二週間と続けるうちに子どもの反応がよくなってきて、日常生活のそれまで困った姿を出していたような場面でスムーズにいくことが実感できる程度にまで効果が出てくることがあります。

そのうち、お母さんも演技でなくてもくすぐりがすんなりできるようになっていったり、子どもが良いほうへ変わっていく姿を手応えのあるものとしてつかめることで、その子と関わることが苦でなくなっていくこともあります。「この子とは性格が合わないのかと思っていたけど、これならやっていけそうです」というほど、親子ともにいい結果を得られるようになったこともたくさんあります。

このように、「くすぐり」は子どもへのプラスの関わりの第一歩として、非常に役に立つことだと感じています。

こういったプラスの関わりに役立つものは、何も「くすぐり」だけではありません。顔遊びや、歌を歌ってあげたり、絵本を読んであげたり、その子の好きな遊びを一緒に楽しんだり、子どもの話を聞いてあげたり、お風呂に入ってのんびりした時間をともに過ごしたり、**大人から積極的に互いに心地よい関わりを持つこと**ができれば、なんだっていいのです。

ただ、くすぐりのときと同じように、そのときの大人の気持ちが、時間ばかり気にしていたり、イライラしていたり、何か他のことを考えて気もそぞろだったり、子どもにこれをさせなければ（例えば、早く寝かせなければ）というような気持ちでいたら、子どもが「満たされる」ことにはなかなかつながりません。

大人の側のゆったり、温かい気持ちで関わるという姿勢がなにより重要です。

子どもの姿を関わりやすいものにするために「先回りした関わり」というのはとても重要なことなので、もう一度まとめておきますね。

子どもがネガティブ行動を出して大人を困らせてしまう前の、お互い気持ちよく関われるときに、大人のほうから「積極的」に子どもに良い関わりをすることで、子どものネガティブ行動を出さなければならない理由そのものをやわらげてしまうことです。「先回りした関わり」を続けることだけで子育てが安定化することもあるし、それで全部解決しなくとも、子どもの姿や行動を対応しやすいものへとだんだんと変えていくことができるのです。

**子育てを安定化させるための「鍵」というのは、どんなときも大人の側が持っています。**大人が関わりを変えれば、子どもの姿は必ず変わってきます。

## 減点法の子育てをしていませんか？

子育てをする多くの人の意識は、実際の子育てを「減点法」で考えてしまっています。

世間で言われるところの「子どもとはこうあるべし」や「しつけられた子ども像」を子どもに獲得させようとするあまり、目の前の我が子を「まだうちの子はこれとこれができないわ」というように、日々無意識に見てしまっています。「あるべき姿」という「正解」に子どもを近づけることが子育てになってしまっているのです。ですから、他児と比べて我が子の成長が遅いことを気にしたり、「あるべき姿」と反対の我が子を否定的にとらえてしまうということがとても多く見られます。

しかも「正解」を「子どもの理想的な姿」というひとつに絞ってしまっているので、実際の子どもへの関わりがなんとも「強迫観念的」になってしまい、子どもに対して余裕のない関わり、ピリピリした雰囲気になってしまっていることもしばしばです。

最近の親の意識では、「うちの子は元気で優しくいてくれるならそれで十分」というような割り切った見方をしている人はそう多くありません。

「これができるようになったら、次はこれをできるようにしなければ」と、つねに「あるべき姿」を子どもに課していくという意識の人がほとんどです。「うちの子はまだこれができない」「ようやくなんとかできるようになった。次はこれね」というわけです。

このことが何を意味するかというと、子どもの姿をつねに減点法でとらえているということです。

その理想像を一〇〇点としたら、自分の子どもの姿をそこから逆算して「うちの子はまだ七〇点だわ……」というようにとらえているかのようです。

一〇〇－七〇＝三〇

「うちの子は三〇点足りない」というところを気にして、そこの三〇点分の穴埋めをするようなことを子どもへの課題、関わりとしている人がたくさんいます。

よくあるところでは、「しつけ」「トイレットトレーニング」「人見知り」「子ども集団での関わり方の上手い下手」など。

これらの「できていない」ところを「できるようにする」というのが、いまの多くの人の子育てになってしまっています。苦手な部分を伸ばそうとするようなアプローチが必ずしも悪いというのでもありませんが、それを子育ての主軸としてしまうのはもったいないことです。

子どもからすると、もっとも信頼する大人から、暗黙のうちに「あなたはまだ○○点足りないわね」という否定の方向でとらえられていることを意識せざるをえないからです。

足りない部分ばかりを意識させられてきた子どもは、自己肯定感を育みにくいのです。なかなか自分に自信も持てません。そのことは、親がいま気にしているなんらかの「できないこと」以上に、その子どもの成長にあとあとまでの影響を与えてしまいます。

特に、子育てにおいて「先取り」を意識しすぎている人は、そもそもその年齢や発達では難しいことを望んでしまうので、子どもに無理を強いることになってしまいます。

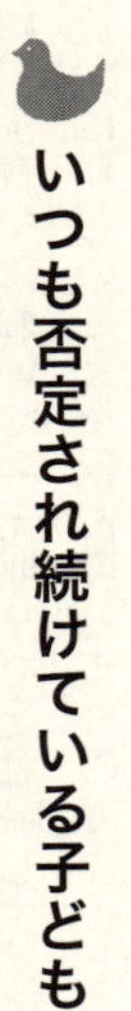

## いつも否定され続けている子ども

子どもの対応がそれなりにうまい人だと、そのできている部分に着目してそこを認めたり、褒めたりするアプローチをすることで、子どもの成長する意欲を高めることができるかもしれません。

しかし、難しい姿を慢性的に出してくるようになってしまった子どもは、あまりそのように関わってもらうことができません。そもそも大人のほうにそれができていれば、そうそう関わりにくい子どもにはなっていないでしょう。

**子どもの成長の根っこには「できない自分であっても親にはありのままを受け入れてほしい」という強い欲求があります。**

子どもが困った姿をひんぱんに出すようになってしまうと、大人はそのマイナスの部分を直さなければと、ことさらマイナスのところに注目してしまいます。

「できない自分を認めてほしい子」ほど「できないところをできるように」という

方向で大人に関わられてしまうのです。このような子どもは大人にどれほど訴えても必要なものが得られないという、とてもつらい状況におかれてしまいます。

しばしば、子どもとの関わりがうまくいかなくなったケースの中には、親に対して叩いたり噛み付いたりする姿が見られます。その原因のひとつに、この本音のところで欲しいもの、「条件つきでなく、ありのままの自分をそのまま認め、温かく受け止めてほしい」という気持ちが満たされないという場合があります。

この減点法で、できない部分ばかりを着目して、目の前の子どものあるがままの姿を終始「否定」の方向で見てしまうということも、子育てがうまくいかないという悪循環を断ち切れない理由となります。

子どもを受容して満たしている関わりをしているはずと大人が思っていても、いざなにか関わるときの子どもへの見方・関わり方が「我が子には○○が足りないから持たせなければ」という減点法の視点では、子どもは根っこのところで満たされるということがありません。

その子どもがなにか達成しなければならない課題があるとしても、出発点を「親からの否定の視点」にしてはうまくいかないのです。

「できない姿も含めて、いまある状態のあなたをありのまま受け止めますよ」というところに一旦大人が立って、それを子どもが実感できてからでないと、子どもは成長の方向に前進できず、親に認めてもらうことに必死にならなければなりません。その認めてもらう行動というのは、この状態ではネガティブ行動として出てきますので、大人が子どもの姿を良くしようといくら頑張ったところで足踏みしてしまいます。

遠回りなようだけれども、一度「できない姿があってもあなたのことを大切に思っているのですよ」というメッセージを伝えるところから、大人の関わりをスタートする必要があります。

僕はそれを**「全面肯定」**と呼んでいます。

## 全面肯定の仕方

大人を困らせる行動が慢性的に出ている子は、大人が困るとわかっている、これをしたら大人に叱られるということをわかっているはずなのに繰り返してしまいます。乳児でもそのようなことを執拗に繰り返してしまいます。

いったいなぜでしょう。

受容や信頼関係の不足から、いい甘えの出し方ができなくなっているということもちろんあるでしょう。しかしもうひとつ、**「叱られるようなことをする自分ですら受け止めてほしい」という全面肯定の欲求がそうさせているのではないか**と思います。いわゆる「ツンデレ」というやつですね。

素直なかわいい素振りを出して、そこを大人に認めてもらうことはある意味当たり前のことです。でも、この状況の子は受容などの問題から、素直にそれをすることができない状態におかれてしまっています。ですから、かわいくない姿を出して、もしそこを受け入れてもらえるのならば、その子にとってはまるごと自分を受け止めてもらっているという実感になるのです。

しかし、ネガティブ行動で大人に気持ちよく受け止めてもらうことは難しいので、子どものこの思いはなかなか成就されることなく、満たされなさだけが募っていくことになってしまいます。
この悪循環の連鎖は、大人のほうがこのことを踏まえていないとなかなか断ち切れません。関わりのすべてが網羅できるわけではありませんが、参考になりそうな具体的な方法を述べていきます。

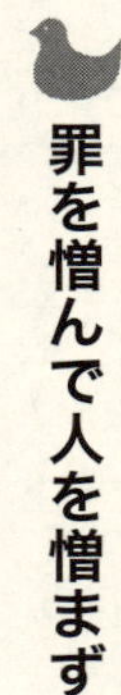

## 罪を憎んで人を憎まず

子どもがネガティブ行動を出したとき、それには「NO」と言わなければならないことは多々あります。ですが、このとき子どもそのものは否定せずに伝える方法があります。

**「あなたのことは好きだけど、○○するのは好きじゃありません」**

のように、行為は否定するけど存在は否定しない方向で伝える言い方です。内容によっては、「あなたのことは好きだけど、○○するのは嫌いです」とよりきっぱり言うこともあります。

この伝え方は子どもそのものを否定していないということを明確に伝えているので、子どもはその大人の期待に応えようと考える余地を残してくれています。

また、小さい子によく使うのですが、叱るのではなく包括的に認めてしまうという対応もします。

ネガティブ行動をしている子に対して、

**「そんなことをしなくても私はあなたのことをちゃんと見ているから、そんな困らせることをしなくてもいいんだよ。抱っこしてあげるからおいで」**

と、気持ちを理解した上で、包み込むように、存在そのものを認めてあげるという対応です。これも否定をせずに関わる方法です。むしろ、大きな包容力で、困らせる行動をする姿も含めて受け止めてしまいます。これは全面肯定そのものです。
一、二歳の子でネガティブさの程度がそれほどでもない子ですと、このようにまるごと受け止めてあげることの積み重ねで、ネガティブ行動そのものをかなり減らすことができる場合もあります。

このように対応はたくさんありますが、言葉だけ真似すればいいというものでもありません。個々の状況によって適した関わり方というのはそれぞれ違ってくることでしょう。それを模索してみることも大切だと思います。

もし言葉が出なければ、**叱ったあとしっかりと抱きしめる**などでも、気持ちは伝わるでしょう。

このような例を出したあとなので言う必要もないかもしれませんが、「全面肯定」というのは「なんでも認める」「なんでもやってよい」という意味ではありません。いけないことはいけない、悪いことは悪いと言うのも大人の役割であり、大事なことです。そして、**叱ること・怒ること・注意することなどは必ずしも「否定」ではない**のです。もちろん、それらも使い方によっては否定になってしまうというのはすでに述べたとおりですが、適切に使うのならば叱ることなどは「肯定」の一種にもなります。

子どもの困った姿に毅然と大人として対応することができずに、イヤイヤ・うんざりしながらその子につきあっていくことのほうが、子どもにとっては「自分が受け入れられていない」と感じる「否定」の関わり方になってしまうこともあります。そのような状況を大人が我慢しながらいつまでも続けていくくらいならば、適切に叱るなり怒るなりして子どもの行動を大人が許容できるものに変えてしまったほうが、よほどいい結果を生むこともあるでしょう。

いけないこと、困ること、危険な行為にはしっかりと対応するけれども、存在そのものは否定しないで認めていくということが「全面肯定」のためには必要なのです。そうすることで、ネガティブ行動を出して自分を認めてほしかった子どもの気持ちに、大人として適切に対処することにつながるわけです。

その「全面肯定」を忘れずに心がけることで、ネガティブ行動の連鎖を断ち切っていきます。

## 遊びの中で生かせること

普段の関わりだけでなく、親子の遊びの中でこの全面肯定を子どもにしていくこともできます。

例えば**「赤ちゃんごっこ」「出産ごっこ」**です。

赤ちゃんというのは子どもから見ても、何もできないにもかかわらず、すべてを認められている状態です。赤ちゃんである自分を許されるというのは、そのまま全面肯定になります。

保育園でままごとをしていると、その役割で人気なのはかつては圧倒的に「お母さん」でしたが、最近ではしばしば「赤ちゃん」や「ペット」です。家庭で「お兄さん」「お姉さん」を望まれているしっかりした子、月齢が高く身体も大きいような子がこぞって「赤ちゃん」になることを望みます。心のどこかでそのような、あるがままで許された存在にたいしてのあこがれがあるのかもしれませんね。

特にお母さんにしてあげてほしいと思うのは「出産ごっこ」です。

お母さんが寝そべったおなかに子どもを乗せて、エプロンやタオルで覆ったところから「うーん、うーん、生まれたー」と子どもを「産んで」あげます。「元気に生まれて良かったよー」などと抱きしめ、スキンシップもしてあげましょう。

これは本当に、心の深いところから子どもの心を満たす経験をもたらしてくれます。そのことは子どもを幼くしてしまうのではなく、前へ進む成長の原動力となってくれるのです。四、五歳の子であっても喜んでしてもらいたがります。

弟妹の出産を控えて上の子どもが不安定になっていたりする人は、おなかの上に乗せなくてもいいですから、この遊びをしてあげることで子どもの安定化につながります。もちろん、出産後の不安定になっている時期などもいいでしょう。

弟妹の出産などがない人でも、子どもが恥ずかしがってやりたがらなくなる前にこの遊びの経験をさせておくと、子どもの心に成長への安心感を形成してくれますので、やってあげるといいかと思います。

「最初は私のほうが恥ずかしかったですけど、お産のときの気持ちを思い出してほんわかした気分になれました」と、やってみたあとにお母さんのほうも感じるものがあるようですよ。または、**赤ちゃんだった頃のこと、小さかった頃のエピソードを話してあげるということでも、同じような「自分が肯定されているという自信」を与えることにつながるでしょう。**

## その9 弱い大人と強い大人

いくら子どもへの対処方法がわかったとしても、いざそれを実践しようとしたとき、その結果はそれをする大人の性格、状況などにより違ってきてしまうものです。

そのため、親・大人の側が自分自身はどうであるのかというのを知らないと、子どもへの適切な対応というのも導き出せません。

別の言い方をすれば、自分自身の特徴を知ることによって、子どもへのアプローチで気をつけること、取り組むポイントというものがわかるのです。

僕は子育てをしている人に、自身が子どもに対してどのような態度を取る傾向の人なのかを知っておいてもらうようにしています。

それが「弱い大人」と「強い大人」という考え方です。これは弱いから悪い、強いからよいとかそういうものではありません。

## 弱い大人のあり方と強い大人のあり方

子どもへの関わりにおいて、言い聞かせることができなかったり、いいなりになるばかりだったり、子どもの顔色をうかがってご機嫌を取るような子育てにしてしまったり、**子どもが困る行動をしてもそれをコントロールできないタイプの大人がいます。**他にもいろいろな特徴がありますが、こういった子どもに対して弱い態度をとることが多い人を**「弱い大人」**。

逆に、子どもに対して強圧的に出て言うことを聞かせたり、怖くて子どもが顔色をうかがうようになってしまったり、**叱ること・怒ること・言い聞かせることなどを使って子どもを思い通りにしたりする**ような、子どもに対して強い態度をとることが多い人を**「強い大人」**というように考えています。

子育てにはバランスが大事で、ある程度はどちらの面も必要なのだけど、どちらかばかりではうまくいかないことも多いです。

必ずしもどちらか一方だけというものでもなく、基本は「強い大人」としての関わりでも、ある場面ではいつも「弱い大人」としての関わりになっているというようなこともあります。

それが適切に使えていればいいですが、優しく受け止めたりという弱い大人としての態度が必要なところで強い大人になって子どもを威圧してしまったり、強い態度で臨むべきときに決まって子どものいいなりになり、子どもの難しい姿を助長してしまっているというようなことも見られます。

なかにはそれらを適切にバランス良く使えて子育てがすんなりいく人もいますし、おおらかであるとか包容力があるといった、もともとのその人の個性で、ことさら強い態度も弱い態度もせずに子育てがスムーズにいくという人もいます。

子育てに難しさを感じてしまっているケースでは、この「弱い大人」と「強い大人」としてのあり方というのが影響していることが非常に多く、この視点をもって、自分のする関わりがどのような影響を子どもに与えてしまっているかというのを見直すことは、子育ての安定化に大いに役に立つはずです。

「弱い大人」には「弱い大人」の、「強い大人」には「強い大人」から導き出される特有の子どもの姿の問題が出ます。しかし、中にはその子どもの問題の姿が、同じ姿になることもあります。

例えばネガティブ行動のひとつで、「他児に手を出す（叩く、邪魔をするなど）」という行動。これなどは、どちらの関わりからも導き出されてきます。

「弱い大人」のほうは、普段からいけないことに大人が毅然としていけないと言ってくれないために、子どもが行動を自律的にセーブできなくなってしまっているためであるとか、普段から過保護・過干渉な関わりをされているのでスルーする力が強くなっていたり、その過干渉のストレスや抑圧から他児に手を出すということをはけ口にしてしまっていたりする。また、単に過保護なので子どもが精神的に育っていなくて幼いからモノを取ったりの行動になることなどもあります。

「強い大人」のほうは、日頃支配されることに対する抑圧から解放された状態としての他児への手出しだったり、普段から支配的に関わられるがゆえに、他者を支配することがその子の他人への関わりとして身についてしまっていたりすることなどからの行動だったりします。子どもの目に見える部分の行動面は同じですが、原因が違うので対処法も違ってきます。

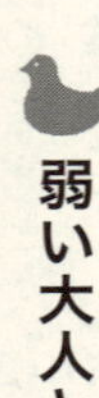

## 弱い大人と強い大人、それぞれの問題点

しかし、ここでこの「弱い大人」と「強い大人」のことは、その大人の性格に起因していることがあるので、なかなか簡単には変えられないということも多いのです。さらに、「弱い大人」は「弱い解決法」を好み、「強い大人」は「強い解決法」を好んでしまうということもあります。

例えば、「叱らなくていい子育て」ということを説明したとき、「弱い大人」は「叱らなくていいのだ」という部分だけを好んで受け止めて、叱らずに「いいなり」になることを自分に許す理由としてしまうし、逆に「強い大人」は「ときには叱ることや怒ること、言い聞かせることも大切だ」という部分を好んで受け止め、子どもに支配的に関わる理由としてしまうというようなことが挙げられます。

そうなってしまうと、足りない部分は足りないまま、多過ぎる部分はさらに多くなっていくので、あまり子どもの姿を良くするというところまでいかなくなってしまいます。「弱い大人」と「強い大人」の問題は、なかなかに根深いのです。

このことをその大人が多少なりとも自覚していることで、子どもへの適切な関わりをするための助けになります。確かに習慣になっているものや、性格から起因する行動などを変えていくのは簡単ではないかもしれませんが、そこは大人側の問題ですから、その人の意識次第でできないことではないでしょう。

## ●弱い大人の特徴

・関わりにおけるメリハリのなさ

気持ちよく受け止めてもらうときと、否定的に見られているときの差が小さくなっていくので、子どもは大人の関わりから満足感を得られにくくなってしまいます。

・いいなりになる

弱い大人は自信を持って子どもに毅然と対峙することができないので、子どもの好ましくない要求にまでも我慢して従ってしまいます。このようなことが積み重ねられていくと、子どもはそういった大人を振り回す関わり方を身につけていくので、お互いに心地よい関係が持てなくなってしまうのです。

・自己肯定感を低下させる

「弱い大人」は、子どもに対する弱さゆえに、子どもの行動を好ましいものの範囲の中でコントロールできなくなることがあります。かといってその状態を大人が是認しているわけでも、よいと思っているわけでもありません。

これが日常において慢性的になってくると、子どもに対して心から笑いかけたり、楽しんだり、褒めたり、認めたりする気持ちの余裕がなくなってきます。

その結果、その親は子どもに対して小言が多くなったり、「イヤイヤ」や「うんざり」といった態度で接することが多くなっていきます。こういう態度が多くなると、子どもは親から肯定されていないという不満、不安を感じていきます。

そのことがさらに、親を困らせたり、わがままを言ったり、親を支配しようとすることでなんとか自分に「好意的・肯定的な視線」をもらおうとしますが、それらの出し方はネガティブなものになりがちなので、子どもが望むような「好意的・肯定的な視線」にはなかなかなりません。親もさらに「うんざり」「イヤイヤ」の態度が募り、悪循環が生まれてしまいます。

・甘やかし、わがままの助長

子どもの泣きやダダに対抗する強さが持てないので、そういった状況をあらかじめ回避しようと子どものご機嫌を取ったり、腫れ物を扱うような関わり方になってしまいます。また、ゴネられるくらいならば、それが好ましいと思っていないことでも、受け入れて甘やかしになってしまうのです。

このような関わりをしたところで、大人は心から喜んで子どもの行動や要求を受け入れているわけではないので、子どもの気持ちはなかなか満たされません。

その結果、子どもはさらにわがままな要求を重ねることで自分を満たそうとする悪循環になってしまいます。

・過干渉

子どもにルールやとるべき行動を身につけさせようとするとき、毅然とした態度がとれないが子どもに求めるところはあるので、それがクドクドとした小言のような過干渉になりやすいのです。弱い大人タイプの人がこのような過干渉をしていると、その大人はその人自身も子どもに伝わっていると感じていないような、頭の上を通り過ぎるだけの空虚な言葉がけを繰り返してしまいます。

大人の言葉と、大人の関わりそのものの価値がとても下がってしまうのです。しかし、それでも子どもに「あるべき姿」を伝えようとさらなる過干渉を生みます。ですが、これも「通じない」→「通じないからさらにたくさん」という悪循環になるのです。

・過保護

「弱い大人」は自分の不安、心配を自分の中でセーブできなくなり、子どもを過剰に守るような関わりを積み重ねてしまいがちになります。

・子どもの成長を阻害する

「弱い大人」は自分では子どもの行動をコントロールしきれないと思ってしまっているので、子どもがコントロールしきれない状況というものを初めから回避してしまおうとします。そういう場面が避けられないというときは、大人の手を増やすことで対応しようと考えて、子どもに理解させたり、身につけさせようとするよりも、力ずくで対応してしまうという関わりが多くなってしまいます。

本来ならばできること、子どもが感情や行動を自分でコントロールするべき場面でも、その「すべき」ということを大人が持たせきれないので、子どもはそれらを身につけるという成長を得られなくなってしまいます。

例えば、保育園の登園時にもこのようなケースがあります。

歩いて登園してくる際、子どものいいなりになってしまっているので、子どもが道草をくったりすることにイライラうんざりしながら日々つきあっています。子どものわがままな行動をコントロールしきれないので、しまいには力ずくで抱きかかえて登園させる毎日に。そのためにひとりで連れてくることができず、かならず父・母や母・祖母と二人で来なければならないというものです。

・大切なことが伝えられない

子どもに毅然と強い態度をとることができないので、安全や危険に関することを子どもがしたとしても、それに対して明確な態度を示すことができず、子どもはいつまでたってもそれを身につけることができないままで成長していってしまいます。安全に関すること以外では、食事の際の習慣や公共の場所でのマナーなども挙げられます。

・受容不足

「弱い大人」としての関わりは、大部分が大人のほうもこころよく受けていることではないので、子どもは常にそれを敏感に感じさせられてしまいます。

大人がいくら頑張って子どものわがままな要求などに応えようとも、それで十分に「満たされる」ということはまずありません。それゆえに慢性的な受容不足、そこからくるさらなる育てにくい姿という悪循環を発生させてしまうのです。

・大人自身の成長の回避

子どものゴネに毅然と対峙せず、子どもの行動を大人の手を増やすことで対応してしまったりすることは、その人が親として力をつけていくという経験を回避してしまうということです。

そのことを先延ばしにしていくと、将来的により大きくなって対応の困難さを増した子どもに、経験や力のないまま向き合わなければならないということです。子どもへの毅然とした対応を回避しているだけで、時間の経過によって子どもに分別がついて大人の言うことが聞けるというようになるのならば、それでもいいでしょう。さまざまな個性の子どもがいるから、そういうことがないわけでもありません。

しかし、往々にしてそのようにはいかないものです。その場合は、子どもが小さいときに大人自身が「弱い大人」としての態度をとってしまったツケをあとあと、より大変になったときに払わなければならないということになります。そのときに子育てがお手上げになって投げ出してしまいたくなり、無視や放任という態度を多用するようになってしまうケースも少なくありません。そこまでいかずとも、子どもの行動をコントロールするのに、ゲーム機などを与えて静かにさせるしかないというような状況になってしまうケースも、最近では特に多くなっているのです。

## ●強い大人の特徴

・理想の姿の押しつけ

「強い大人」は自分の望む姿に子どもを「改変」しようとするようなアプローチにしばしばなってしまいます。「良い子」でいることを望んだり、「○○ができること」といった成長の姿の要求や、習い事や早期教育といった、目に見える形での結果を子どもに強く求めていく傾向があります。

大人はそれを持ち前の強さでもって子どもに望んでいくので、子どもは精神的に窮屈な状態で成長していくことになります。子どもは「親の期待に応えたい」という強い思いがあるので、そのような余裕のない状態であっても頑張って応えていってしまいます。それでもすんなりといける場合もありますが、その余裕のなさという不満を自分の心に押し込めていかざるをえない場合が出てきます。その積み重ねられたものが問題行動の遠因となるのです。例えば、親の見てないところで、してはいけないことをしたり、他児への意地悪などでその抑圧されたものを解放したり、親が強さを示さないところでわがままな要求を示したりなどです。

・過干渉

弱い大人でも過干渉が出てきましたが、強い大人も強い大人ゆえの過干渉が引き起こされます。「理想の姿の押しつけ」などが、子どもに過干渉の形を取って実行されるからです。強い大人の傾向のある人は、自分がする子どもへの要求に自信があるので、このとき行われる過干渉も徹底したものとなりやすいのです。また、子どもの気持ちなどを配慮せずに行われてしまうこともあります。ときにそのことは、子どもの心に強い抑圧と不満を植え付けてしまうことになります。

態度にならないとは限りません。

・「弱い大人」との同時進行

「強い大人」としての態度が多いからといって、その人が「弱い大人」としての態度にならないとは限りません。

子どもに求める「望むべき姿」の部分では強い大人として子どもに有無を言わせないのに、子どもがゴネたりぐずったり、甘えの代償行為としてのわがままな要求には毅然と対応することができずに、「いいなり」などの弱い大人としての姿になってしまう人もいます。これはけっして珍しいことではありません。

また、次のような関わりになってしまっている人もいます。子どもには自分の望む姿を強引に求めているが、外部からの子どもへの反応に対しては、子どもの間違いなどを認めることができずに、過剰なほど過保護になって守ってしまいます。これが常態化すると、子どもは受容を求める代わりに、外部の問題から過保護に親に守ってもらうことを選ぶようになっていくので、周囲に対する問題行動を重ねるようになってしまいます。

こういった極端な「強さ」と「弱さ」の同居は子どもの育ちにアンバランスさをもたらし、結果的に子どもの姿を難しいものとしていってしまいます。

・子どものモチベーションの浪費

強い大人は子どもに親の望む「あるべき姿」を強烈に求めていきます。それが子どもは親の期待に応えるために頑張りを重ねていくことになります。それが子どもの心に無理のない範囲であればよいのですが、それを超えてしまうと親の望む姿になろうとすることに疲れてきてしまいます。子どもが頑張れる量というのは無限ではありません。そのため、本来ならばその成長段階で取り組むものへの意欲が失われてしまったりすることがあるのです。

例えば、家庭で強烈に「良い子」を求められていたある園児は、園で集団で行動する際や、絵を描いたりする自己表現をするときに攻撃的なまでの抵抗感を示すことがありました。

・子どもが見えない

子どもに望むビジョンが強すぎると、子どもがいま現在置かれている心理状態などが見えなくなり、それを無視して、子どもをより問題の大きいほうへと向かわせてしまうことがあります。

最近多く見られるのは、過剰な習い事や早期教育に子どもを駆り立てている親にこのような姿があります。子どもは親の期待に応えようと「頑張って」それらをこなしているのですが、実は子どもは精神的な余裕を切り崩して、それらをなんとかこなしている場合があります。親はそれらをさせることが「子どものため」であると信じて疑わないので、子どもの心が悲鳴をあげてなんらかのサインを出していてもそれに気づきません。子どもを誘導して言わせた「それらが楽しい、やりたい」という言葉を事実だととらえ、子どもの問題行動などをかえりみず、大人の子どもに対するビジョンをそのまま押しつけていく。このようなケースがとても増えています。

・受容不足、満たされなさ

強い大人は「正しさ」をもって、それで子どもに自分の望む「あるべき姿」というものを求めていくことが多いと言えます。それはある意味「理詰め」の関わりであって、子どもに「情」で動く余地というのをあまり残してはくれません。

それゆえ、「受け止めてもらいたい」、「甘えたい」という子ども本来の感情を出すことができずに抑え込まれてしまいます。それは慢性的な受容不足や満たされなさを子どもに持たせ続け、子どもの育ちに影響を与えていくのです。

その子どもたちは「情」で親を求めることはあまり許されていないので、「良い子」像や習い事などの「親の期待」に応えることで親に認めてもらおうという努力を重ねなければならなくなってしまいます。このことは子どもの精神の余裕をすり減らしていくので、情緒が不安定になったり、他者に向ける意地悪という形で影響が出たりすることもあります。抑圧がチックや指しゃぶりなどの形で出るというケースも見られます。

また、そういう方向性でなくともネガティブ行動を出すことで抑圧されたものを解放していくようになり、子育てを難しくしていく場合もあります。

## 親が自分はどちらのタイプか考えることが大切

子どもが「わがまま」であるとか「言うことを聞かない」、または「意地悪」

であるとかの子どもの困った姿というのは、もともとそのような性格の子どもがいるというわけではなく、その多くが親との関係の中で作り出されてしまうものです。それも、大人が能動的に子どもに関わったことからというよりも、それ以前の大人の姿勢などが大きな原因となって子どもに影響を与えています。

つまり、そういうものは「しつけ」がいいからとか悪いからとかいうような実際の関わり方以前のところにあります。

そのため難しくなってしまった子どもの姿を安定化させていくためには、関わり方だけをどうこうすればいいのではなくて、大人のほうの意識自体に気がつかないと、なかなか根本から解決するものではないのです。

その意識の部分に目を向けるために、自分が「弱い大人」としての傾向を持っているのか、「強い大人」としての傾向があるのかという見方を知っておくとよいのではないかと考えています。

## その10 あなたは自分が好きですか？

子育てをする大人のほうの問題には「弱い大人と強い大人」の問題のさらに前に、その大人自身の持つ「自己肯定感」が影響していることも多いですね。

「弱い大人」であるために、子どものいいなりになってしまったり、明確な態度を示すことができないというような背景には、その大人自身の自己肯定感が低くて、自信を持った関わりができないという理由があったりするのを少なからず感じています。

また「強い大人」のほうも、自分と同じようなコンプレックスや欠点などは持たせまいと、過剰に子どもになにかを獲得させるためにやっきになってしまうというようなことも見受けられます。

さらには親自身の生育歴からくる自己肯定感の低さが、我が子の子育てにおいても影響するということも少なくありません。

自分が子ども時代に受容してもらえなかったことや、抑圧されるほどに否定の関わりをされてきたことによる自己肯定感の低さが、実際に子育てする側に立ったとき、頭では子どもに温かく関わりたいと思っていても、ちょっとした子どもの間違いや失敗が大きく気になって感情的になってしまったりと、子育て全般に影を落としていきます。

そういった親の自己肯定感の低さは、子育てを簡単に余裕のないものにしてしまいます。その自己肯定感の低さによる親の情緒的な問題があるところに、「強い大人」として子どもに自分の望むビジョンを強烈に押しつけていったりすると、子どもの育ちはあっというまにゆがんだものとなっていってしまいます。

さらに、強い大人の問題で見た「子どもが見えない」というような姿も出てくると、子どもの姿は荒れたものとなっているのに、親は子どもに必要なことをしていると信じて疑わないので、改善されることなく、ずっとその荒れた状態で育っていくことになります。長い間それが続いてしまうと一時的な姿としてでは済まず、その子どもの性格として、その荒れた姿が獲得されてしまうこともあります。

## 三歳女児　支配的な行動、意地悪、モノへのこだわり

こんな事例がありました。

三歳前半の女の子、父母と三人家族。養育はほとんど母親に任されている。

この女の子は普段から情緒が安定しておらず、些細なことでもキーキーと大人に強い不快感を抱かせるような出し方で感情を爆発させる。自由遊びの時間でも遊具に取り組んで遊ぶということはほとんどない。だが他児が面白そうに遊んでいるとその遊具を欲しがる。その遊具をもらっても自分のものにしたことで満足するのであって、遊びはしないで溜め込んでいくだけになっている。

他児に「○○をしろ」「○○をしてはだめ」というような要求を突きつけ、それに従わせることが他者への関わりとなってしまっている。また、仲間に入れてあげない、「○○しないとお弁当一緒に食べてあげないよ」などの意地悪なこともするようになっている。

この子の母親の関わりを見てみると、二歳になる前から字の読み書きや算数的な勉強をさせたりということがあった。非常な過干渉で、子どもの自発的な行動のいちいちに「〜〜しなさい」「〜〜してはだめ」「〜〜したら、△△してあげない」などの、子どもを思い通りにしようとする関わりを普段からたくさんしていた。

その頃から、公園で会う子どもなどに、モノを取ったり、押し倒したり、故意に砂をかけたりという行動を母親はひんぱんに見ていたが、それらはダメ出しをすることで対応。しかし、それで改善するということはなかったので、最後には感情的にとても怖い顔で怒ってしまうというパターンになっていた。

一方で子どもの感情の爆発に対しては過保護な対応になり、モノを与えることで解決してしまおうとしていた。子どもはモノをもらうことを受容の代わりにしてしまっていたようである。

母親には情緒の安定のために受容的な態度で関わる必要があることなどを再三伝えるも、母親は勉強させることや、子どもの不適応な行動に対して強く叱ることなどをどうしても必要なことというようにとらえており、子どもへの対応が変わることはなかった。

## 子どもの悩み相談から気づく自身の生育歴

これは、子どもとどう向き合っていいかわからずに過保護になってしまったり、子どもと適切に関係作りができずに「いいなり」になってしまっていたりする人の相談を受けている場合に多いことですが、その相談者自身が自分の生い立ちに気づくということがしばしばあります。

「そういった問題行動は、子どもが悪いとか、叱り方が足りないということではなく、その根っこには、受容してもらう実感などの情緒的なものや、自分を信じてもらう、認めてもらうといった肯定感が必要なのですよ」といった話をすると、しばらくたって「そういえば自分自身、この歳までずっと親との関係でもやもやしていたのですが、それの正体はこういうことだったんだなってわかりました」

　このようなことが少なくありません。**親が自分に対する自信の持てなさから、我が子に対しての距離感を測りあぐねたり、叱ることや甘えさせることひとつひとつに「これでいいのだろうか」とおっかなびっくりしたり、という子育ての実際の関わりにつながってしまっています。**

　こういった問題の根っこは、子育てがどうとか以前の、親自身の自己肯定感に関わっています。子育てが慢性的に難しくなってしまっているケースの中には、この大人自身の自己肯定感の低さに気づいてそこも乗り越えていくアプローチをしなければ、いつまでたってもその慢性的な子育ての難しさがずるずると続いてしまうことになります。だからこそ、この親自身の自己肯定感への視点というものを頭の片隅にでも置いておくことは、子育ての安定化の助けになるでしょう。

　これは子ども相手に限らないかもしれませんが、自己肯定感の低さから自分の感情表現がうまくできなかったり、笑顔でいることができなかったりという人も多いのです。このような情緒的な部分というのも、子育てにはとても大きな影響を与えます。

# その11 あなたはいま、どんな顔をしていますか？

「子育てを精一杯頑張っているのにうまくいかない」

「子どもに向き合っているつもりなのに、子どもをコントロールしきれなくなっているのをどうにもできない」


子育てを一生懸命している真面目な人がしばしばこういう状況になっています。僕が述べているような「受容」や「先回りした関わり」「くすぐり」などをしても事態が好転しているように感じられないという人もいます。

子育てはどうしても人間相手のことですから、言葉や行動だけ「こうするといい」というものをなぞったとしても、その通りにいかないことがあります。

冒頭にあげた「子育てを精一杯頑張っているのにうまくいかない」というよう

な人は、子どもに対する「感情の表出」というのが良い形でともなっていないことが多いようです。

ネガティブな感情は伝わりやすく、ポジティブな感情は伝わりにくいので、「喜怒哀楽」のうち「怒と哀」はまあいいでしょう。問題は「喜と楽」の部分です。

## 「良い感情」が伝わらなければ子どもは安定できない

「子どもに精一杯向き合っている」という人は、確かにその通りに精一杯向き合っています。ときには無理を重ねてまで向き合おうとしています。しかし、そういう状況になっている人の多くは、ポジティブな感情ほど硬直してしまっています。例えば、笑顔が出なくなっていたり、表情が乏しくなっていたり、笑い声があげられなくなっていたりなどなど。

特に子育てがうまくいかないことで自分を責めていたり、自信を失っている人だとこれは端的に現れます。関わる大人がその状態から少しでも脱することができないと、なかなか子どもが満足するような関わりというものができません。子どもは、大人の言葉には出さない態度や表情、気持ち、そういう些細な部分を敏感に感じてしまうものだからです。

そうなると、大人のほうは「精一杯頑張っている」「向き合っている」という思いとはうらはらに、子どもの側からすると「お母さんは気持ちよく僕の相手をしてくれていない」というのが感じられるので、例えば子どもが「満たされる」ということで考えても、なかなかその関わりからは満たされるところまで行き着きにくくなってしまいます。

もともとの性格で笑ったり、感情を顔に表すのが不得意な人というのもいます。そうでなくとも、子育てに疲れてしまったり、自分を責めていたりすると、ポジティブな感情というのはなかなか出なくなってしまいます。しかし、こういうことは自分のことでありながら、なかなか自分では気がつきません。

「子育てを精一杯頑張っているのにうまくいかない」

そういう人はいま一度、子どもの相手をして楽しいとか、ものごとを子どもと共感するなどのポジティブな気持ちをわかりやすく出してみることで、案外簡単に好転させられるかもしれませんよ。

## 表情や感情の出し方をチェックしてみよう

よしんば、これは演技であっても効果的に働くということもあります。「もう子どもの相手に疲れてしまってうんざり」という人でも、結局のところ、いつまでもその状態に大人がとどまっていては、事態は好転させられません。

「子どもがネガティブ行動ばかりになっている。それに対して怒ってばかりになり笑顔も出ない」

こういう事態になっていたとして、その状態を続けていても、子どものネガティブ行動が自然になくなって、大変な時期が通過するとは限りません。これを解決するには大人のほうから関わり方を変えるしかないのです。そういうときには思いきって、自分のテンションを上げるなりして、演技でもいいからポジティブな感情をわかりやすく出していきます。

こういうことって慣れない人には言葉で言うほど簡単ではありません。でも、自分を責め続けたり、うんざりという状況に耐え続けるよりも、そのときだけ頑張ってしまったほうがたいていの場合ずっと楽です。

わかりやすくポジティブな感情を子どもに伝えていくことで、子どもの姿というのはかなり変わってきます。ネガティブ行動が減り、かわいい姿というのを出しやすくなります。

ただし、それまでの満たされない期間が長期にわたっていたりする場合は、一時的に溜め込んでいたものが吹き出すので、むしろネガティブ行動が増加するというようなケースはあります。

子どもがかわいい姿を出せるようになってくると、子どもの相手はそれ以前よりも楽になるはずです。すると、親のほうにも余裕ができるので良い感情を出しやすくなります。そこから悪循環を好循環へと変えていくことが可能になります。

保育士や幼稚園の先生など、子ども相手の仕事をしている人の中には、しばしばオーバーに驚いてあげたり喜んであげたりする人がいますよね。

必ずしもそこまでする必要もないのですが、良い感情をわかりやすく出せると、子どもは安心して過ごしたり、満足して過ごすということがしやすくなります。

保育園にいまどきのお母さん、いわゆる「ギャルママ」な人がいました。普段はどちらかというと放任気味で、威圧的に「おまえなにやってんだ」などと子どもを非難することもあり、言葉遣いもせめて子ども相手にはもう少し丁寧にしようねという感じなのだけど、子どもは割合にそれでも満たされてしまっています。

なぜかというと、「それ、ちょーかっけーじゃん！」などのように、感情の表し方がストレートというか、わかりやすく子どもに出せているからなのです。そのため、ぜんぜんきめ細やかな対応などしていないのに、子どもはそれなりの安心と満足を見いだせてしまっています。

逆に、真面目で一生懸命子どもに対しているような人のほうが、その真面目さゆえに悩んでしまったり、心配が募っていたり自分を責めたりなどで、ポジティブな感情が子どもの望むほどには出なくなっており、それゆえに子育てが難しくなってしまっているという状況が引き起こされることが多々あります。

そういうわけで、「頑張っているのに思うようにいかない」という人は、ほんのちょっとのことなのだけど、いま一度自分の表情だとか、子どもに関わる際の姿勢などを点検してみるといいかと思います。

## その12 子育てのハードルを下げてしまおう

「子育てが大変」になってしまっている人から話を聴くと、子どもの理想像がとても高かったり、真面目になんでもできなければならないと考えてしまっていたり、子どもへの要求が大きすぎて現在のその子の発達・成長具合ではどう逆立ちしたってできないだろうということをたくさん求めてしまっているということがしばしばあります。

こういったケースは、子どもにどう関わっていくかという具体的なアプローチ以前のところで、大人の意識を変えなければ、なかなか子どもの姿までは変わっていきません。実際に子どもに無理な要求まではしていなかったとしても、親のイメージしている子どもの姿と目の前の子どもの姿のギャップから、その大人は子どもと関わる際の根底に「焦り」を持ってしまっていたり、子どもへの視点が否定的になりがちだったりということもあります。その大人の努力を否定するわけではありませんが、その子どもに現状でできないことをいくら求めたとしても、それらはそうそう実りはしないでしょう。

そして、その結果の大人と子ども双方の感じるいらだちや、子どもの達成できない・認めてもらえないという負の感情の蓄積、大人側の子どもの姿が思い通りになっていかないことの焦りや不満というものは、かえって成長のためのマイナスになりかねません。

さらに、この状態は「大人が自分自身を責める」という、もっとも辛い状態、子育てを大変と感じてしまう最大の原因へ向かわせてしまいます。

それならばいっそのこと、そのハードル（要求・理想）を下げてしまうのです。むしろ、ハードルなどなくしてしまって、フラットなところを走ればいいのです。つまり、一度、成長のための課題などとっぱらってしまえばいいのです。子育てを一〇〇mハードル走から、ただの一〇〇m徒競走にしてしまって、ハードルをなくして、なるべく走りやすい道にしてしまうのです。

「○○ができない」、「××をさせなければ」、「△△ばかりして困る」などの課題を一旦考えないで、それこそ、例えば「ごはんは食べるし健康だからいいや」などと、なんのハードルもないコースに大人の意識を変えてしまいます。

もともと子育ての理想像が高い人は、こういうことを聞くと、それでは子どもが良いほうにはいかないのではないかなどと考えてしまいます。

でも、「じゃあ以前と同じことをしていけば子育てがいいほうへ進むと思いますか?」と再度聞いたとしたら、自信を持って「はい、そう思います」と言う人はまずいないでしょう。このタイプの人は、子育てを自信を持ってしてきたわけではありません。変な話ですが、多くの人が「焦り」や「不安」を子育ての原動力としてここまで来てしまっています。

厳しいことを言うようですが、その「焦り」や「不安」が子育てを余計に難しく、子どもの姿をより大変にしてしまっているという可能性が大いにあります。なので、もしそのタイプだとしたら、どこかでその「焦り」や「不安」を原動力として進めてきた子育てを変えなくてはなりません。

そのために、その人が子どもに課している、子どもに求めているさまざまなハードルを、その人自身で取りはらわなければならないのです。

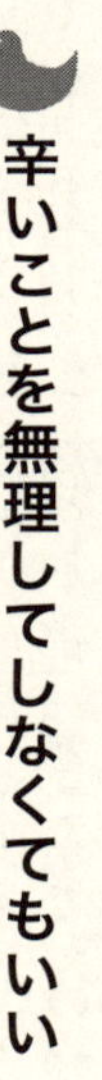

## 辛いことを無理してしなくてもいい

たびたびこのような相談を受けます。

「児童館や公園に行くと、うちの子どもが他の子どものモノを取ったり（突き飛ばしたり、叩いたり）して、何度話してもやめないその姿にイライラして我慢するのだけど、最後はキレて激しく怒って、毎日泣きながら帰ってくるのを繰り返しています。そのことが毎日をものすごく辛いものにしています」

そのあとに「あとで何度も後悔して、反省して子どもにゴメンネと謝ります」などと続くのも結構多いです。「モノを取ったり」のあたりのバリエーションはいろいろです。「毎回帰らないとゴネて」とか「疲れて感情的になって」「なにかを買えとゴネたり」などなど。

僕はこれに対してしばしば、「そんなに毎回嫌ならば、行かないということも考えてみたらどうですか」というようなお答えをしています。これは別に意地悪で言っているわけでも、突き放して言っているわけでもなくて、先に述べたような「ハードルを下げてしまえばいい」ということです。

例えば、そこにいくことで他の親御さんたちと話をしたりすることができて気分転換になるとか、そこの職員が見てくれるので多少なりとも息抜きになって、子どもの姿の大変さはあっても総合的にプラスになるのならばそれはそれでいいと思いますが、もう嫌で嫌でたまらなくなり自己嫌悪におちいったり、強いストレスを感じているという人もいます。また、子どもの行動以上に周囲からの視線に辛さを感じている人も多いようです。

そういう人は、自分で問題を課してハードルを上げてしまっている人です。

「他児と関わらせる経験をいまのうちからさせなければならない」とか、「モノを取ってしまう子だから、経験させてモノを取らない子にしなければならないだろう」などなど。

そういった考えが根底にあるので、ちっとも進歩がないのを感じながらも難行苦行を繰り返しにいってしまいます。もし、その人がこのケースだとしたら、それは無駄な努力というものです。

だったら、家の中でさほどストレスなく遊んだり、すいている公園や、他児と接触せずとも済むような大きな公園などでそれなりに楽しく過ごせばいいのです。そこでの「楽しい」や、ゆったりと過ごした時間というのは、小さくとも親子の関係にプラスの積み重ねとなっていきます。ハードルのない状態から小さくともコツコツとプラスを作っていくのです。

そして、その間の時間の経過(年齢ベースの成長)というものも、これからくるであろう課題を無理なく乗り越えるための大きな助けにもなります。

なので、ハードルを下げることを成長を後戻りさせることと考えずに試してみていいと思うのです。

ハードルを下げたりなくしたりすることで、大人が子どもを「認める」「肯定する」ことが少しずつ増え、大人と子どもの関係を良いものにしていける余裕が生まれるでしょう。

でも本当のところは、このような児童館や公園でうまくできない子の多くは、「その課題」を達成する能力がないわけではありません。肯定や受容が少ないために、したくてもできなくなってしまっていることに原因があります。

ですから大人が子どものクリアできないハードルをたくさん立てておいて、それらに不満や焦り・怒りを感じているうちは、ちっとも改善できないのです。

親子関係が良好になることで、それまでクリアできなかったことが、良いほうへ向かうことは十分に考えられます。

このように子育てのハードルを下げる、なくすということが、問題の改善に大きな力となる場合があります。

親はどうしても子どもの成長を考えたとき「前へ進め、前へ進め」とばかり子どもにそれを要求してしまいます。大人がその頭でいると子どもの現状が見えなくなりかねません。ときにはペースをスローダウンしたり、足踏みしてみたり、後戻りしてみることも必要なことだってあるのです。

## 保育園ではどうしているの？

保育園では個々の子どもへの援助を考えるとき、わりとこの「後戻り」ということを使います。厳密には、その子の発達状況に合わせた関わりということです。

例えば、このようなこと。それまで家庭で過ごしていて、幼児クラスになってから保育園に入り、初めての集団生活をしだした子。ここではわかりやすくするために、年中の四歳で入ってきた子を例にとりましょう。

年齢は四歳であっても、家庭で過保護にされていたりすると、生活の経験や他者との人間関係、情緒や精神面の発達が進んでいないという子もよくいます。着替えが自分でできなかったり、単にできないのではなくて自分でやろうとする意欲が育っていなかったり、食事を座って食べる習慣がついていなかったり、偏食がものすごかったり。対人関係ではものの貸し借りができなかったり、使わないのに独占するばかりで結局遊べなかったり、ルールのある遊びや、勝ち負けが受け入れられなかったりなどなど。

年齢は四歳であるけれども、内面の発達状況は二歳児、三歳児クラスの子どもと同じくらいなどということも珍しくありません。この子にすべての面で四歳児でできるとされることを要求しても、当然ながらその通りにはなかなかいきません。

生活面の範囲のこと、例えば先ほどあげた着替えのようなことであるならば、比較的それは可能です。わざわざ二歳児に対するように大人が手をかけなくても、「自分でやりなさい」と放っておいても周囲の子どもたちがしていることを自分で見たりして、だんだんとクリアしていける部分も大きいです。

でも、精神面・情緒面のことや、そこから派生すること（対人関係など）は、すべてがすべてではありませんが、その子に実年齢通りの要求をしていてもうまくいかないこともあります。

年齢通りの要求をしても、その子にとってはそれはクリアがまだ無理なことなので、怒られてばかり、または劣等感、疎外感、自己否定感などを大きくしてしまうという状況をつくってしまうことがあるからです。年齢通りの要求というのでなくとも、他児と比べることなどをあからさまにすることで、これらの負の感情を子どもに抱かせることともなります。

そういうときは多少ハードルを低くして、年齢は四歳であるけれども、二歳や三歳の子を受け止めるようなところからスタートすることが効果的なこともあります。

ただ、内面的に二歳や三歳に近いとはいっても、全く同じではありません。その子に小さな子と同様の対応をしても、依存が強くなるばかりでむしろ成長しないということもありますので、それは個々の状況により臨機応変に対応するところです。

家庭で難しいなと思うのは、まず発達の見極めということでしょうか。保育士は知識や経験によって、その子の発達状況がどの程度になっているということがわかりますが、家庭では具体的にはそのあたりがつかみづらいでしょう。

この例では、あからさまに幼さが目に見える、いわゆる「幼い子」をあげましたが、こういったケースは、実は家庭で見極められなくてもさほど問題はありません。

なぜならわざわざ発達状況を判断して合わせなくとも、もともと幼く扱われている部分があるからです。むしろその場合は、依存を大きくしない、幼く扱わないという対応のほうが重要味を帯びてくるかもしれません。

## 「お兄さん」「お姉さん」に後戻りした関わりが必要な場合

本当に「後戻り」という視点が必要になってくるのは、むしろ年齢通りの発達を見せている子でいながら、低年齢だったときからの「満たされなさ」を引きずってきている子や、発達の一時期の特徴として内面が戻ることを要求しているときの場合です。

「発達の一時期の特徴として内面が戻ることを要求しているとき」というのは、例えば下に赤ちゃんが生まれたとき、小さな弟妹がいるとき、または三歳前後や五～六歳で成長の大きなステップアップの時期に出てくる一時的な退行（僕はこれを「揺り戻し」と呼んでいます）などです。

「低年齢のときからの満たされなさを引きずってきている子」は、例えばそれ以前からお兄さんお姉さん、「良い子」でいることを要求されてきた子や、小さい頃からの習い事や勉強などが、あとになってそれまでの我慢や抑圧、頑張りの反動などを噴出させてネガティブ行動となって出てきているケース、関わりが淡白だったり、できることを要求するばかりで受容することが少なかった家庭などで、ある程度の年齢になってからそれらが育てにくさとして顕在化してきたケースです。

このようなケースは、そもそも親のほうに、子どもが小さいときですら受容するという視点やスキルが少ないので、大きくなってからではなおさら対象年齢を落とした関わりということが難しくなります。

なんらかの行動が、本当に「できない」のではなく、ネガティブ行動によって「やらない」だけになっている子に対して、原因は別のところにあるのに「厳しくする」「やりなさい」という関わりを先鋭化していくので、余計に解決からは遠くなっていきかねません。

そのような対応でも「時間の経過」によって問題が解決してしまうこともありますが、親や大人に対しての「あきらめ」を子どもが覚えてしまって、表面的に沈静化しただけに過ぎないということもあるでしょう。

こういうときこそ「後戻り」ということが必要だと僕は感じます。満たされなさでなくとも、ステップアップの時期の揺り戻しなどは、どの子にも出てくる可能性があります。

こういうときはちょっと戻って、受け止めてもらえることを確認するだけで、安心して前へすすめるということがあります。

# その13 大変な時間は乗り越えられる

いまの子育てしている人達には、「失敗してはならない」「より良いものを与えなければならない」そんな強迫観念めいた気持ちを持ってしまっている人が少なくないようです。

でもそんな気持ちが、子育てを難しいものにしているというケースがたくさんあるのもまた感じます。子育てにはいくらうまくやろうとしても、どうやってもうまくなどいかない瞬間というものもあるからです。

## うまくやるだけが子育てじゃない

もともと子育てに不安を抱えている人や、うまくやらなければと強く思っている人、几帳面な人、完璧主義な人などはそこで子育てにつまずいてしまいます。

多くの人にとって子育ては未経験だったり、知識や実地の経験のとぼしいものですから、それらは無理のないことです。ですから、僕は「乗り越える」ということがあってもいいということを提案したいと考えています。「乗り越える」というのは、「その場をなんとかやり過ごす」と言い換えてもいいでしょう。

例えば二〜三歳の成長期（イヤイヤ期）の頃、子どもによってはその対応はものすごく大変です。ただでさえ大変なのに、そこで「〇〇してはならない」や「〇〇すべき」というさまざまな制約をつけてしまったら、どうでしょう？

それらを全部守ろうとしたら、もともと大変な上にさらに大変な努力を、子育てする大人はしなくてはなりません。特に母親一人が子育てをするというようないまのありかたの中でこういう事態になることは、ものすごいストレスや身体的な負担をかけることになります。

子育てを投げ出したくもなります。投げ出せる人ならば実はいいのかもしれません。真面目な人はそれで気に病むあまり、育児ノイローゼや虐待になったり、自己の自信喪失につながってしまったり。そのストレスから子どもや周囲の人に当たったり、家族関係や人間関係を難しくしてしまったり。それでその後々までも子育てが破綻（はたん）してしまう人もいます。

ネグレクトや放任などでも、それが加速化するのはこういった子育ての大変な時期を契機として、ということが多いです。

そんな風になってしまうくらいならば、子育ての本当に大変な時期や、またはもともとの気質で癇（かん）が強いとか発達上の問題があって一筋縄でいかないときなど、とりあえずある意味では子育ての手抜きをして「乗り切ってしまう」ということがあってもいいと思うのです。人はどうしても問題にあたると、なにかをすることでその状況を打開しようとしてしまいます。しかし人相手の場合「何もしない」ということがそのときにおいては最良の対応ということだってあります。「モノで釣ったり、脅したり、疎外感を与えることで子どもを動かすのは望ましくない」「感情的に怒ったりするのはよくない」というのは確かにその通りですが、本当に大変なときにまでそれをかたくなに守るのではなく、そういうことをしてでもその時期を乗り越えてしまっていいと思うのです。

多少のことは、そういう時期を乗り越えてからまた修正できるのです。大変なときにまで自分を苦しめて、子育てそのものを楽しくなくしてしまうより、適当に落としどころを模索して子どもと関わっていけばいいと思います。

# その14 子育てを通して自分を好きになる

子育ての相談を受けていると、ときどき「私は愛情不足でしょうか？」という言葉がお母さんたちから発されます。似たようなものとして「母親失格でしょうか」というものもあります。

これは紛れもなく、その人がその人自身に向けた自己否定の言葉なのですが、いまのお母さんたちはなぜこのような気持ちになってしまうのでしょうか。

この言葉の背景にはお母さんたちの「不安」「心配」「自己否定」「自信喪失」、そういった感情があることがうかがわれます。その人たちの子育ての経緯や、子どもの姿、親子の関わりなどを見ているとと共通しているものがあるので、おおよそのところは浮かび上がってきます。

母親をしてこう思わせてしまうのは、「行き詰まり」「お手上げ感」です。

子どもの姿をどうにか納得のいくものにしようとするのだけど、どうにもうまくいかず、最終的に自分ではもう手の施しようがないと感じたときに、こういった自分を否定する感情に行きつかせてしまいます。

その自分を否定する気持ちがなぜ「愛情不足でしょうか？」という表現になっているかというと、世間では「子育てには愛情が大切」という言葉がたくさん流布しているからです。

## 子育てには愛情が大切↓　我が子の子育てはうまくいっていない↓　自分には愛情がない

そのように目の前の子育てがうまくいかないことが、親の自己否定・自信喪失につながってしまっているのです。

しかし、その人たちは「愛情がないから子育てがうまくいっていない」わけではありません。本当に愛情のない人はそもそも「自分は愛情が足りないのではないか」などという疑問はそうそう持ちません。この人たちに本当に必要なのは、現状の行き詰まりを打開できる具体的な子育ての方法です。

子育てをしていてとるべき道を失って途方に暮れてしまうと、人はこの「自分には愛情がない」「自分は母親失格だ」といった自分を責める気持ちになってしまい、そこから前進しようとする気力を失ってしまいます。

子どもの姿が安定して見えないと、その親に「愛情をもっとかけてあげましょう」とか「いまのままではお子さんは愛情不足です」というような言葉をかける人がいます。それらの言葉は善意からなのでしょうけれども、子どもの姿が思い通りになっていないことを「愛情」に還元してしまうことは、ときにその親そのもの、そしてその人がしてきた子育てそのものを否定することにつながる言葉となってしまいます。

現代では多くの人が自信を持って子育てをしているわけではありません。そこに否定ともとれる言葉をかけてしまうと、もともと豊富ではない親の子育ての自信に陰りがさしてしまいます。それは子育てを良いほうへは向けてくれず、むしろかえって悪い方へと向かわせてしまうでしょう。

子育てに行き詰まって悩んでいる人の中には、難しくなった子どもの姿だけでなく、子育てがうまくいかないことから自分を責め、自己否定を重ねてよけいに苦しんでしまっている人も少なくありません。

実際に子育ての行き詰まりから、「できれば子どもは見たくない」「働く必要はないけど、仕事を見つけて保育園に預けたほうがいい」というような気持ちになってしまった人をたくさん見てきました。別に保育園に預けることが悪いことではありませんが、そのように親から「見たくない」と思われてしまった子どもはなかなか安定した育ちを得られません。僕はそういう育ちを送らなければならない子どもが増えてほしいとは思いません。

親が子育てによって自己否定をしてしまうのならば、僕はそこに逆の可能性も見いだします。子育てを通して親のほうも自己肯定をしていけるのではないかという可能性です。

そのためには「手応え」のある子育てと、親のほうにも「満たされる」ことが感じられる子育てを実践してみることではないかと考えています。

ささやかなことでもいいから「こうすることで子どものいい姿が見られるようになりますよ」ということを自分の手でしてみて、少しでもいいからそこで子育てが好転していく実感を積み重ねていく。さらにそこから「子どもがかわいい」「子どもといると楽しい」という瞬間を作り、親も子どもと過ごせることに満足感を見いだしていけること。子育てにおけるそういう経験が、親にとっても自分を肯定していけるきっかけとなるのではないでしょうか。

# あとがき

## 子育ては雪だるま作りに似ている

「子育て」というのは、雪だるまを作ることになぞらえられると感じています。最初は小さな雪玉を作ってそれを正しい方向にコロコロと転がしてあげる。そうするとそれがだんだんと勢いづいていってなめらかに回転させていける。ときには、それでもうまく転がらないときがあったりして、誰かに押すのを手伝ってもらったりもするけれど。

僕が書いたことが少しでも役に立って、子育てが楽しくなったと言ってもらえるのは大変うれしいです。でも、たぶん僕がしていることは、「こっちの方向にこうやって転がすといいですよ」と伝えて、せいぜい最初の数回、転がすのを手伝っているようなものなのだと思います。

子育てというのはどうも循環式になっていて、良いほうへ回るとさらに良いほうに回るようになり、逆に悪いほうへ回ってしまうとどんどん悪いほうへといってしまいがちです。ですから最初のひと転がしをよい方向へ向けるか、うまく回っていないときは良いほうへと切り替えるなんらかのきっかけが必要なのでしょう。

いまは子育てというものが難しく感じられるようになってしまっていて、闇夜に手探りで雪だるま作りをしている人や、一生懸命に頑張って難しいほうへと転がしてしまっている人、ここまではなんとか持ってきたけどにっちもさっちもいかなくなってしまったという人が多いのだと思います。

そしてその難しさを大きくとらえてしまうので、どこから手をつけたらいいかわからない、どうやっても自分には無理というように感じてしまうこともあるかもしれません。でも本来、子育てというのは単純なもので、テコでも動かないなと感じていたようなことが、些細な気づきやちょっとした関わりで回せることもあります。

例えば「くすぐり」のように。多分、いま求められているのは、そういった単純で小さなきっかけなのかもしれません。

この本によって少しでも「子育てが楽しい」「子どもがいて良かった」と思える瞬間が増えたり、多くの人がそう思えるようになってくれたらと願っております。

保育士おとーちゃん　須賀　義一

著者紹介
**須賀義一**（すが　よしかず）

1974年生まれ。東京都江戸川区の下町に生まれ、現在は墨田区に在住。

大学で哲学を専攻するも人間に関わる仕事を目指して、卒業後、国家試験にて保育士資格を取得。

その後、都内の公立保育園にて10年間勤務。

子どもの誕生を機に退職し、主夫業の傍ら保育、子育てについての研究を重ねる。

これまでの子育ての既成概念にとらわれない本当の意味で個々の子どもを尊重した関わり、子育ての仕方を模索。「叱らなくていい子育て」や「子育てを楽しくするための関わり方」などを提案している。

家族は妻と一男一女がいる。

ブログ
http://hoikushipapa.blog112.fc2.com

本書は、書き下ろし作品です。

PHP文庫　保育士おとーちゃんの「叱らなくていい子育て」

2015年1月21日　第1版第1刷
2016年3月2日　第1版第5刷

著　者　須賀義一
発行者　小林成彦
発行所　株式会社PHP研究所
東京本部　〒135-8137 江東区豊洲5-6-52
文庫出版部　☎03-3520-9617(編集)
普及一部　☎03-3520-9630(販売)
京都本部　〒601-8411 京都市南区西九条北ノ内町11
PHP INTERFACE　http://www.php.co.jp/
組　版　朝日メディアインターナショナル株式会社
印刷所
製本所　図書印刷株式会社


ISBN978-4-569-76266-1